가스펠 프로젝트

구약  5

선지자와 왕

중고등부 교사용

지은이 · LifeWay Students
옮긴이 · 백충현
감수 · 김병훈, 이희성, 곽상학
초판 발행 · 2017년 11월 7일
2판 1쇄 발행 · 2025년 3월 7일
등록번호 · 제1988-000080호
등록된 곳 · 서울특별시 용산구 서빙고로65길 38
발행처 · 사단법인 두란노서원
영업부 · 02-2078-3352, 3452, 3781, 3752 FAX 080-749-3705
편집부 · 02-2078-3437
디자인 · 땅콩프레스

책값은 뒤표지에 있습니다.
ISBN 978-89-531-4676-1 04230 / 978-89-531-4670-9(세트)

가스펠 프로젝트 홈페이지 · gospelproject.co.kr
두란노몰 · mall.duranno.com

차례

5

Prophets and Kings

발간사

두란노서원을 통해 라이프웨이(LifeWay)의 《가스펠 프로젝트》 성경 공부 교재 시리즈를 발간할 수 있도록 인도하신 하나님께 감사드립니다. 험한 소리로 가득한 세상에 이 책을 다릿돌처럼 놓습니다. 우리 삶은 말씀을 만난 소리로 풍성해져야 합니다. 주님을 만난 기쁨의 소리, 진실 앞에서 탄식하는 소리, 죄를 씻는 울음소리, 소망을 품은 기도 소리로 가득해야 합니다.

《가스펠 프로젝트》는 신구약을 관통하는 예수 그리스도의 복음을 발견하고, 그 가르침을 삶에 적용하는 지혜를 얻도록 기획한 성경 공부 교재입니다. 어린아이부터 어른에 이르기까지 생애주기에 따른 복음 메시지를 잘 배울 수 있습니다. 또한, 거짓 진리가 미혹하는 이 시대에 건강한 신학과 바른 교리로 말씀을 조명하여 성도의 신앙이 좌로나 우로나 치우치지 않도록 돕습니다.

두란노서원은 지금까지 "오직 성경, 복음 중심, 초교파적 관점"을 바탕으로 한국 교회와 성도를 꾸준히 섬겨 왔습니다. 오직 성경의 정신에 입각해 책과 잡지를 출판해 왔으며, 성경에 근거한 복음 중심의 신학을 포기한 적이 없습니다. 그리고 교단과 교파를 초월하여 교회와 성도가 하나님 나라를 바라볼 수 있도록 돕기 위해 노력해 왔습니다. 《가스펠 프로젝트》는 두란노가 지켜 온 세 가지 가치를 충실하게 담은 책입니다.

성경은 구원을 위한 책이며, 구원사의 주인공은 예수 그리스도입니다. 창세기부터 요한계시록까지 오직 예수 그리스도의 복음만을 전하는 《가스펠 프로젝트》 성경 공부 교재를 통해 복음의 은혜와 진리를 깊이 경험하고, 복음 중심의 삶이 마음 판에 새겨지기를 바랍니다. 그리고 예수 그리스도 복음에 굳게 선 한 사람의 영향력이 가정과 교회와 사회에 흘러감으로써 거룩한 하나님 나라가 확산되어 가기를 소망합니다.

두란노서원 원장 이 형 기

감수사

두란노가 출간하는 《가스펠 프로젝트》는 무엇보다도 전통적으로 교회가 풀어 온 흐름을 충실히 따라 성경을 해설하고 있습니다. 그리고 그 방향은 궁극적으로 예수 그리스도를 향해 나아가고 있습니다. 이것은 예수님이 구약과 신약의 모든 성경이 자신을 가리키고 있다고 하신 말씀에 비추어 매우 타당한 것입니다. 게다가 그리스도 중심적 해설을 무리하게 전개하지 않습니다. 각 본문에서 하나님의 구원 언약과 그것을 실현하시는 하나님을 드러내면서, 그리스도의 예표적 설명이 가능한 사건을 놓치지 않고 풀어내고 있습니다.

성경 공부 교재는 명시적으로 혹은 암시적으로 제시하는 교리적 진술이 교리체계상 건전해야 합니다. 《가스펠 프로젝트》는 99개 조에 이르는 핵심 교리들을 일목요연하게 제시하여 교리의 건전성을 확인할 수 있도록 도움을 줍니다. 《가스펠 프로젝트》의 교리는 교파를 막론하고, 예수 그리스도의 복음에 충실한 복음주의 교회들에게 환영받을 만합니다. 물론 교파마다 약간의 이견을 갖는 부분들이 있을 수 있겠지만 각 교회에서 교재를 활용하는 데에 무리가 없을 것으로 판단합니다. 《가스펠 프로젝트》의 특징은 각 과에서 학습한 내용을 핵심 교리와 연결해 주며, 그 결과 그리스도의 복음에 관련한 교리적 이해를 강화시킨다는 데에 있습니다.

끝으로 《가스펠 프로젝트》는 어떤 성경 주해서나 교리 학습서가 갖지 못하는 훌륭한 장점을 가지고 있습니다. 그것은 학습자를 하나님과 그리스도의 복음 앞으로 나오도록 이끌며 자신의 신앙과 삶을 돌아보도록 하는 적용의 적실성과 훈련의 효과입니다. 아울러 선교적 안목을 열어 주는 적용 질문들을 더해 준 것은 《가스펠 프로젝트》에서 얻을 수 있는 커다란 유익입니다.

《가스펠 프로젝트》는 성경을 개괄적으로 매주 한 과씩, 3년의 기간 동안 일목요연하게, 그리고 그리스도 중심적으로 공부하도록 이끌어 준다는 점에서, 한국 교회의 기초를 성경 위에 놓는 일에 대단히 커다란 공헌을 할 것으로 믿어 의심치 않습니다.

김병훈 _ 합동신학대학원대학교 조직신학 교수

아모스 선지자가 타락의 일로를 걷고 있던 북이스라엘을 향해 선포한 메시지가 생각납니다. "보라 날이 이를지라 내가 기근을 땅에 보내리니 양식이 없어 주림이 아니며 물이 없어 갈함이 아니요 여호와의 말씀을 듣지 못한 기갈이라"(암 8:11). 주전 8세기 아모스 선지자의 외침이 오늘 이 시대에 다시 메아리쳐 오고 있습니다. 온갖 이단들이 영적으로 갈급한 성도들을 향해 검은손을 내밀고 있습니다. 이들은 성경 구절을 단편적으로 이해하고 왜곡하여 교리를 구축한 후 성도들을 혼란에 빠뜨리고 있습니다. 두란노의 《가스펠 프로젝트》는 성도들이 겪고 있는 이러한 갈증을 해소해 줄 수 있는 참으로 유익한 성경 공부 교재입니다.

첫째, 《가스펠 프로젝트》는 성경 전체 흐름과 문맥에 따라 구성되어 성경의 큰 그림을 볼 수 있도록 도와줍니다. 또 성경 각 본문의 의미를 깊이 이해할 수 있도록 해당 분야의 전문 성경 신학자들의 주석적 견해를 잘 소개하고 있습니다. 둘째, 본문 연구와 함께 관련

핵심 교리들을 적절하게 소개하여 성경과 교리를 연결할 수 있습니다. 또 모든 과에서 그리스도와의 연결점을 찾아 제시해 주므로 구약 본문을 통해서도 복음을 깨달을 수 있습니다. 성경 공부 전 과정을 마치면 성도들이 복음에 대한 견고한 믿음을 가지게 될 것입니다. 셋째, 성경 공부를 통한 적용의 초점을 선교에 맞추어 성도들이 삶의 현장에서 복음의 증인으로서의 사명을 감당할 수 있게 도와줍니다. 마지막으로, 주일학교 어린이부터 장년에 이르기까지 동일한 주제와 본문으로 성경을 공부하도록 구성하였기 때문에 모든 교인이 한 말씀 안에서 한 믿음의 공동체를 이루며 성숙해 가는 영적 부흥을 경험하게 될 것입니다.

두란노의 《가스펠 프로젝트》를 통해 말씀이 갈급한 기근의 시대에 영적 해갈의 기쁨을 경험하시기 바랍니다.

이희성 _ 총신대학교 구약학 교수

✝ 일반적으로 교육의 3요소를 교육 주체인 교사, 교육 객체인 학생, 교육 내용인 교육 과정(curriculum)이라고 말합니다. 기독교 교육 또한 교회 학교 교사나 가정의 부모가 교육 주체가 되어 다음 세대인 청소년들에게 복음이 담긴 성경을 가르치는 것입니다. 교육 과정을 제외하고는 공교육과 기독교 교육이 본질적으로 다를 수 없는데, 시대의 요청이나 학습자의 역량에 따라 교육 과정이 바뀌는 공교육과 달리, 성경이라는 절대 진리가 교육 과정인 기독교 교육은 수요자 중심의 창의적 상호 작용 등 교육 방법론에 취약점을 보인 것이 사실입니다.

《가스펠 프로젝트》는 객관론적인 인식론에 근거한 프로젝트 수업을 염두에 두었기 때문에, 안내하고 조력하는 교사의 역할 수행과 자연스럽고도 적극적인 학생들의 반응이 만나 성경의 내용을 '지금 그리고 여기'를 사는 '나'와 접목시켜 진지하게 대면하게 합니다. 매 과마다 청소년 설교 제목과 같은 감각적인 제목으로 문을 열고 들어가 'HIS STORY'를 만나게 됩니다. 그뿐 아니라 '연대표', '알짬 교리 99' 등은 다소 지루할 수 있는 성경의 이야기를 청소년 특유의 감성으로 그들의 지적 호기심을 채워 주기에 충분합니다. 또한 '그리스도와의 연결'로 구속사적 흐름을 놓치지 않고 그리스도의 복음을 충실히 따르고 있습니다. 영원 불변하는 하나님의 말씀이 21세기에 대한민국에서 살아가는 중학생, 고등학생의 실제 이야기로 잘 구현되도록 한 'YOUR STORY', 그리고 'HEAD'(생각)와 'HEART'(마음)가 어떻게 'HANDS'(행동)로 이어지는가에 대한 'YOUR MISSION'은 성경 공부의 매우 중요한 연결 고리가 될 것입니다.

《가스펠 프로젝트》는 그리스도 중심의 성경 공부 교재이자, 성경 전체를 꿰뚫는 복음의 알파와 오메가로서 이 시대에 새로운 기독교 교육의 이정표가 될 것을 확신합니다.

곽상학 _ 전 온누리교회 협동 목사

추천사

우리 시대의 전 세계적 교회 부흥은 두 가지 샘을 가지고 있습니다. 한 샘은 오순절 부흥 운동의 샘입니다. 이 샘으로 많은 시대의 목마른 영혼들이 목마름을 해갈했습니다. 또 하나의 샘은 성경 연구의 샘입니다. 남침례교 주일학교 운동은 이 샘의 개척자입니다. 이 샘으로 지금도 많은 성도가 목마름을 해갈하고 있습니다. 미국 남침례교 라이프웨이 출판사는 이러한 사역을 충실히 감당해 왔습니다. 《가스펠 프로젝트》는 모든 필요를 공급하는 원천이 될 것입니다. 《가스펠 프로젝트》로 한국 교회의 목마름이 해갈되기를 기도합니다. 《가스펠 프로젝트》는 쉬우면서도 결코 피상적이지 않습니다. 믿음의 단계를 따라 하나님의 자녀들에게 꼭 필요한 복음의 진수를 맛보게 해 줄 것입니다. 이 체계적인 교재로 이 땅에 새로운 영적 르네상스가 일어나기를 기대합니다.

이동원 _ 지구촌교회 원로목사, 지구촌 미니스트리 네트워크 대표

《가스펠 프로젝트》는 예수 그리스도 중심, 즉 복음 중심의 제자 양육 교재입니다. 복음은 구원하는 능력뿐만 아니라 삶을 변화시키는 능력입니다. 성도들을 변화와 성숙으로 이끌어 주는 귀한 교재가 조국 교회와 이민 교회에 소중하게 쓰임받기를 바랍니다. 특별히 이민 2세들은 영어 교재 원본을 사용할 수 있는 까닭에 큰 도움이 될 것입니다.

강준민 _ LA 새생명비전교회 담임 목사

성경은 예수 그리스도를 중심으로 하는 하나님의 구원 이야기입니다. 성경을 가르치는 일은 하나님의 구원에 동참하는 하나님의 사람을 만드는 일이며, 하나님의 사람의 탁월한 모델은 바로 예수 그리스도입니다. 《가스펠 프로젝트》는 예수 그리스도를 중심으로 성경을 배웁니다. 성경이 어떻게 그리스도와 연결되어 있는지, 또 성도의 삶이 그리스도를 중심으로 하는 하나님의 구원 계획에 어떻게 연결되어야 하는지 구체적으로 제시합니다.

특히 《가스펠 프로젝트》는 하나의 본문을 각 연령에 맞게 구성한 교재를 제공해 하나의 본문으로 전 세대를 연결하고, 가정과 교회를 하나 되게 합니다. 신앙의 전수가 중요한 시대에 성도와 교회와 가정이 한마음으로 다음 세대를 준비시키기에 적합합니다. 특히 가정에서 부모가 자녀와 말씀으로 대화를 나눌 수 있게 해 자녀 신앙 교육에 도움이 될 것입니다.

《가스펠 프로젝트》가 주일학교부터 장년에 이르기까지 전 교회와 성도의 각 가정에서 사용되어 예수 그리스도를 통한 하나님의 가스펠 프로젝트가 성취되기를 기도하면서 기쁨과 확신으로 추천합니다.

이재훈 _ 온누리교회 담임 목사

✝ 《가스펠 프로젝트》는 성경을 예수 그리스도 중심으로 심도 있게 살피도록 도우면서, 또한 그것을 이야기 형식으로 제시하며 실질적으로 적용하도록 이끄는 탁월함이 보입니다. 이는 청소년들이 자연스럽게 주변 또래들에게 자신이 경험한 예수 그리스도와 복음에 대해 나눌 수 있게 합니다.

왕동식 _ 서울YFC(십대선교회) 대표, 청소년사역자협의회 회장

✝ 《가스펠 프로젝트》는 복음주의적인 관점에서 성경을 이해하며 성경적 가치관을 형성하는 데 큰 도움을 줍니다. 특히 예수 그리스도를 모든 과에서 그 중심에 두어 구속사적으로 이해할 수 있도록 돕습니다. 또한 각 과별 주제도 친근할 뿐 아니라 다음 세대의 눈높이에 맞추고 있어서 적극 추천합니다.

황성건 _ (사)청소년선교횃불 대표, 소금과빛 국제학교 운영 이사

✝ 사역 현장에서는 하나님의 말씀을 효율적으로 가르칠 수 있는 좋은 방법과 교재에 늘 목말라 합니다. 그런 점에서 그 필요를 잘 충족해 줄 교재가 출간되어 기쁜 마음으로 추천합니다.

김운용 _ 장로회신학대학교 실천신학 교수

✝ 《가스펠 프로젝트》는 하나님의 말씀으로 우리를 초청해서 예수 그리스도를 만나게 하고 사랑하게 만드는 훌륭한 교재입니다. 자녀들이 교회 학교에서, 부모들이 소그룹에서 말씀을 공부한 후에 저녁 식탁에 둘러앉아 예수님에 대해 함께 나눌 수 있다는 것은, 상상만 해도 너무나도 멋지고 복된 일입니다.

김지철 _ 전 소망교회 담임 목사

✝ 성경이 가르치는 구원의 도리인 교리를 성경 본문을 통해 배우기가 쉽지 않기 때문에 좋은 안내서가 필요합니다. 《가스펠 프로젝트》는 이와 같은 역할을 탁월하게 수행하고 있기 때문에 기쁜 마음으로 추천합니다.

이성호 _ 고려신학대학원 역사신학 교수

✝ 《가스펠 프로젝트》는 어린이부터 장년까지 성경에서 예수님이라는 보석을 찾는 눈을 활짝 열어 주는 놀라운 교재입니다. 각 연령대에 맞게 구성된 본 교재를 통해 예수님을 다시 발견하고 한국 교회가 더욱 견고하게 되기를 바랍니다.

최병락 _ 강남중앙침례교회 담임 목사

일러두기

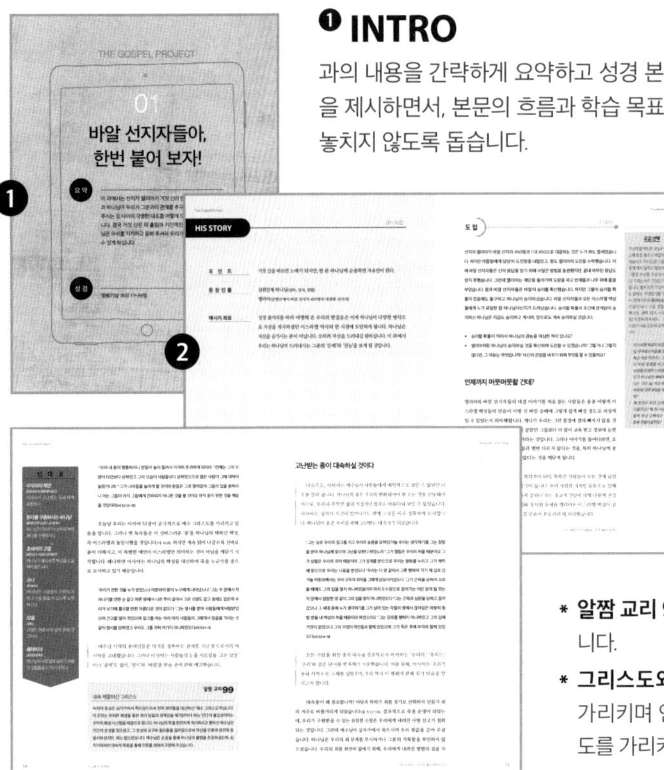

❶ INTRO

과의 내용을 간략하게 요약하고 성경 본문을 제시하면서, 본문의 흐름과 학습 목표를 놓치지 않도록 돕습니다.

❷ HIS STORY

하나님의 구속사에 초점을 맞춰 성경을 이해하도록 하며, 다음과 같은 특징이 있습니다.

- *** students** 왼편에 'students' 글씨와 함께 회색 세로줄이 있는 단락은 학생용 교재와 동일한 부분입니다. 학생용 교재의 모든 내용이 교사용에도 실려 있습니다.
- *** 연대표** 성경을 시간 순으로 이해하도록 살피는 표로, 학생용 교재에서는 그림도 함께 제공합니다.
- *** 본문으로 더 깊이** 이야기 속으로 더 깊이 들어가도록 돕는 성경 주해입니다. 이 자료를 어떤 식으로 활용할 것인지는 교사의 재량에 달려 있으며, 참고만 해도 괜찮습니다.
- *** 알짬 교리 99** 매 과의 본문 내용과 관련된 기독교 핵심 교리입니다.
- *** 그리스도와의 연결** 각 과의 주제가 어떻게 예수 그리스도를 가리키며 연결되는지 살피는데, 이를 통해 모든 성경이 그리스도를 가리키고 있음을 강조해 줍니다.

❸ YOUR STORY

하나님이 과거에 행하신 일을 오늘날과, 그리고 학생 자신과 연결하도록 돕는 토론 질문을 제시합니다. 매 질문마다 교사에게 주는 조언이 첨부되어 있습니다.

❹ YOUR MISSION

그리스도인으로서 어떻게 살아가야 할지 하나님의 이야기를 통해 생각하고 변화를 경험하도록 이끕니다. 단순한 성경 공부를 넘어 사명감을 가지고 이 세상을 살아가야 할 것을 강조하면서 하나님의 부르심에 참여하도록 돕습니다.

가스펠 프로젝트 홈페이지 자료실 gospelproject.co.kr 에 있는 다양한 자료를 활용해 보세요.

- **십대와 나누는 믿음의 대화** 학생들과 폭넓게 나눌 수 있도록 본문의 요점, 질문, 명언을 제시합니다.
- **교사 지도 가이드** 교사에게 필요한 본문에 대한 설명과 지도 방향 등을 동영상으로 제공합니다.
- **가족성경읽기표** 본문에도 나오는 연대기적 성경 통독 일정이, 온가족이 보기 좋게 정리되어 있습니다.

바알 선지자들아, 한번 붙어 보자!

요약

이 과에서는 선지자 엘리야가 거짓 신이 인간에게 요구하는 것과 하나님이 우리가 그분과의 관계를 추구할 수 있도록 공급해 주시는 것 사이의 극명한 대조를 어떻게 드러내는지 볼 수 있습니다. 결국 거짓 신은 피 흘림과 기진맥진만을 남기지만, 하나님은 우리를 지지하고 돌봐 주셔서 우리가 다른 사람들을 돌볼 수 있게 하십니다.

성경

열왕기상 18장 17~39절

HIS STORY

포 인 트	거짓 신을 따르면 노예가 되지만, 한 분 하나님께 순종하면 자유민이 된다.
등 장 인 물	삼위일체 하나님(성부, 성자, 성령) 엘리야(갈멜산에서 바알 선지자 450명과 대결한 선지자)
메시지 좌표	성경 줄거리를 따라 여행해 온 우리의 발걸음은 이제 하나님이 다양한 방식으로 자신을 계시하셨던 이스라엘 역사의 한 시점에 도달하게 됩니다. 하나님은 자신을 숨기시는 분이 아닙니다. 오히려 자신을 드러내길 원하십니다. 이 과에서 우리는 하나님이 드러내시는 그분의 '은혜'와 '권능'을 보게 될 것입니다.

도 입

선지자 엘리야가 바알 선지자 450명과 1 대 450으로 대결하는 것은 누가 봐도 열세였습니다. 하지만 아합왕에게 당당히 도전장을 내밀었고, 왕도 엘리야의 도전을 수락했습니다. 이에 바알 선지자들은 신의 응답을 얻기 위해 수많은 방법을 동원했지만, 끝내 아무런 응답도 얻지 못했습니다. 그런데 엘리야는 제단을 돌아가며 도랑을 파고 번제물과 나무 위에 물을 부었습니다. 왕과 바알 선지자들은 바알의 승리를 확신했습니다. 하지만 그들이 승리할 확률이 컸음에도 불구하고 하나님이 승리하셨습니다. 바알 선지자들과 모든 이스라엘 백성들에게 누가 유일한 참 하나님이신지가 드러났습니다. 승리할 확률과 조건에 관계없이 승리하신 하나님은 지금도 승리하고 계시며, 앞으로도 계속 승리하실 것입니다.

▶ 승리할 확률이 적어서 하나님의 권능을 의심한 적이 있나요?

▶ 엘리야처럼 하나님이 승리하실 것을 확신하며 도전할 수 있겠습니까? 그렇거나 그렇지 않다면, 그 이유는 무엇입니까? 자신의 관점을 바꾸기 위해 무엇을 할 수 있을까요?

언제까지 머뭇머뭇할 건데?

엘리야와 바알 선지자들의 대결 이야기를 처음 읽는 사람들은 종종 어떻게 이스라엘 백성들의 믿음이 이방 신 바알 숭배에 그렇게 쉽게 빠질 정도로 피상적일 수 있었는지 의아해합니다. 게다가 우리는 그런 함정에 절대 빠지지 않을 것처럼 생각합니다. 수천 년 전에 살았던 그들보다 더 많이 교육 받고 정보에 능한 현대 그리스도인들이기 때문이라는 것입니다. 그러나 이야기를 들여다보면, 요즘 사람들도 수천 년 전 사람들과 별반 다르지 않다는 것을, 특히 하나님께 충성하지 않은 사람들과 다르지 않다는 것을 깨닫게 됩니다.

오늘날의 사회는 너무나 회의적이 되어, 똑똑한 사람들이 모든 것에 끊임없이 의문을 제기한다는 생각이 듭니다. 우리 사회의 지적인 요동으로 인해 우리는 '모든 종교는 동등하게 참되다'라는 종교적 신념에 대해 다원적 관점을 수용하게 되었습니다. 이와 유사한 문제를 엘리야는 이스라엘 백성이 참 하나님 여호와에 대한 충성과 믿음이 흔들리던 때 처리했습니다.

---

[17]엘리야를 볼 때에 아합이 그에게 이르되 이스라엘을 괴롭게 하는 자여 너냐 [18]그가 대답하되 내가 이스라엘을 괴롭게 한 것이 아니라 당신과 당신의 아버지의 집이 괴롭게 하였으니 이는 여호와의 명령을 버렸고 당신이 바알들을 따랐음이라 [19]그런즉 사람을 보내 온 이스라엘과 이세벨의 상에서 먹는 바알의 선지자 사백오십 명과 아세라의 선지자 사백 명을 갈멜산으로 모아 내게로 나아오게 하소서 [20]아합이 이에 이스라엘의 모든 자손에게로 사람을 보내 선지자들을 갈멜산으로 모으니라 [21]엘리야가 모든 백성에게 가까이 나아가 이르되 너희가 어느 때까지 둘 사이에서 머뭇머뭇하려느냐 여호와가 만일 하나님이면 그를 따르고 바알이 만일 하나님이면 그를 따를지니라 하니 백성이 말 한마디도 대답하지 아니하는지라 [22]엘리야가 백성에게 이르되 여호와의 선지자는 나만 홀로 남았으나 바알의 선지자는 사백오십 명이로다 [23]그런즉 송아지 둘을 우리에게 가져오게 하고 그들은 송아지 한 마리를 택하여 각을 떠서 나무 위에 놓고 불은 붙이지 말며 나도 송아지 한 마리를 잡아 나무 위에 놓고 불은 붙이지 않고 [24]너희는 너희 신의 이름을 부르라 나는 여호와의 이름을 부르리니 이에 불로 응답하는 신 그가 하나님이니라 백성이 다 대답하되 그 말이 옳도다 하니라 **(왕상 18:17~24)**

엘리야가 이스라엘 백성에게 "너희가 어느 때까지 둘 사이에서 머뭇머뭇하려느냐?" 하고 물었습니다. 이스라엘 백성은 거짓 신을 단호하게 거절해야 했지만, 아무 말도 하지 않았습니다. 마음으로나 정신적으로나 신실하지 못함을 드러낸 것입니다. 이방의 종교적·문화적 영향을 허용했던 솔로몬왕 때부터 아합왕 때까지 이스라엘 백성은 하나님을 예배하는 것으로부터 점점 더 멀어져 갔습니다.

엘리야는 참 하나님은 답을 주시는 분이라고 했습니다. 여기서 우리는 하나님이 흠모와 충성을 받으셔야 하는 중요한 이유를 발견합니다. 하나님은 최고의 권능을 드러내실 뿐 아니라 그분께 돌아올 기회를 주심으로써 최고의 은혜를 보이셨습니다. 은혜와 권능의 참 하나님으로서 여호와는 우리의 충성을 받으실 만한 분입니다.

엘리야가 백성에게 선택하도록 언급한 두 가지는 무엇인가요? 하나님을 섬기는 것과, '다른 신들'을 섬기는 것 사이에서 갈팡질팡하는 사람은 어떤 모습일지 표현해 보세요.

아무리 난리를 쳐 봐도

엘리야는 참 하나님을 가리기 위해 시험하자고 제안했고, 아합왕과 이스라엘 백성은 그 제안을 받아들였습니다. 바알 숭배 장소로 유명했던 갈멜산 꼭대기에서 겨루기로 합니다. 제사로 드릴 송아지가 선택되고, 제단이 세워지고, 대회가 시작되었습니다.

[25]엘리야가 바알의 선지자들에게 이르되 너희는 많으니 먼저 송아지 한 마리를 택하여 잡고 너희 신의 이름을 부르라 그러나 불을 붙이지 말라 [26]그들이 받은 송아지를 가져다가 잡고 아침부터 낮까지 바알의 이름을 불러 이르되 바알이여 우리에게 응답하소서 하나 아무 소리도 없고 아무 응답하는 자도 없으므로 그들이 그 쌓은 제단 주위에서 뛰놀더라 [27]정오에 이르러는 엘리야가 그들을 조롱하여 이르되 큰 소리로 부르라 그는 신인즉 묵상하고 있는지 혹은 그가 잠깐 나갔는지 혹은 그가 길을 행하는지 혹은 그가 잠이 들어서 깨워야 할 것인지 하매 [28]이에 그들이 큰 소리로 부르고 그들의 규례를 따라 피가 흐르기까지 칼과 창으로 그들의 몸을 상하게 하더라 [29]이같이 하여 정오가 지났고 그들이 미친 듯이 떠들어 저녁 소제 드릴 때까지 이르렀으나 아무 소리도 없고 응답하는 자나 돌아보는 자가 아무도 없더라 (왕상 18:25~29)

현대 독자들에게는 별난 모습일 수 있지만, 당시 바알 선지자들이 보여 준 모습은 신의 공감을 얻기 위해 이교도가 흔히 펼치던 제사 풍경이었습니다. 바알을 움직이게 하려는 노력을 보십시오. 그들은 크게 소리 지르면서, 온몸이 피범벅이 될 때까지 칼과 창으로 자기 몸을 베었고, 춤추면서, 미쳐 날뛰며 울부짖었습니다. "바알이여, 우리에게 응답하소서!" 우상 숭배자들은 거짓 신의 주의를 끌고 싶어서 갖은 애를 썼습니다.

엘리야는 바알 선지자들이 바알의 응답을 받지 못하는 것을 조롱함으로써 거짓 신을 믿는 것이 얼마나 어리석은 일인지를 보여 주었습니다. 조롱하는 그의 말들은 바알 신화와 관련이 있습니다. '바알이 진짜 신이라면 왜 크게 불러야 하는가? 바알이 대단한 여행이라도 갔는가? 바알이 피곤해서 잠이 필요했는가? 그러나 바알이 신이 아니지 않은가? 신이 왜 잠이 필요하겠는가?' 숭배받을 만한 신이라면 신의 응답을 구하기 위해 경박하게 수고하도록 '만들지'

본문으로 더 깊이

백성들은 참 하나님께 예배하는 것으로부터 너무나 멀어져 있었고, 아합왕은 실제로 엘리야에게 '이스라엘을 괴롭게 하는 자,' '파괴자'라고 비난했습니다. 흔들림 없이 하나님께 충성을 다하던 엘리야는 이방의 폭풍/풍요의 신 바알에게 절하지 않았고, 바알 숭배를 공개적으로 반대했습니다. 그래서 바알의 진노를 초래했다고 비난을 받았습니다. 한 나라의 지도자로서 아합은 하나님 외에는 '다른 신'을 섬기지 말라는 계명을 분명히 받았음에도 불구하고, 다른 신을 섬기는 것을 문제로 인식하지 못할 정도로 매우 타락해 있었습니다.

않을 것입니다. 진짜 신이라면 인간의 노력에 길들거나 조종되지 않습니다. 예배를 받으실 만한 하나님은 주권자이십니다.

바알 선지자들은 바알을 불러내기 위해 예식, 전통, 의식, 종교심 등을 동원했습니다. 반면에 엘리야는 오직 신뢰로 여호와를 청했습니다. 바알 선지자들은 인간이란 신을 위해 존재해야 한다는 믿음을 드러냈지만, 엘리야는 영광의 하나님이 바로 우리를 위해 계신다는 사실을 보여 주었습니다. 두 견해의 차이가 얼마나 큽니까! 하나님은 우리가 거짓 신, 전통, 예식, 우상, 피조물 숭배 등에 사로잡혀 자기 삶을 쥐어짜는 것에서 벗어나, 그분과의 관계 안에서 자유롭게 살아가기를 원하십니다. 참 하나님은 인간에게 참 생명을 주시는 분입니다.

알짬 교리 **99**

초월적이신 하나님

하나님의 초월성은 하나님이 피조세계와 구별되며 독립적으로 존재하신다는 사실을 의미합니다. 하나님은 선함과 순전함뿐 아니라 위대함과 권능에서도 우리를 초월하신 분입니다. 이 교리는 하나님이 본질적으로 인간보다 우월하시다는 것을 뜻합니다. 주님의 생각과 주님의 길은 우리의 생각과 우리의 길보다 뛰어납니다(사 55:8~9). 하나님은 구원하실 때, 인간의 존재 목적을 성취하도록 우리를 회복시켜 주십니다. 그렇다고 우리가 하나님이 된다거나 하나님과 인간 사이의 구별이 없어진다는 뜻은 아닙니다. 하나님의 초월성의 교리를 알게 되면 주님의 선하심과 권능에 대한 놀라움과 경외감을 느끼게 됩니다.

하늘에서 불이 내려와

바알 선지자들이 대부분의 시간을 보낸 후 엘리야의 순서가 되었습니다. 유대인의 저녁 소제 드릴 시간이 되었을 때 그는 번제물을 드리고 하나님을 불렀습니다. 현란하게 춤추거나 울부짖거나 자해하지 않았고, 하나님이 스스로 참 하나님이심을 드러내 주시기를 요청했습니다. "내게 응답해 주셔서 이 백성들로 주 여호와는 하나님이신 것과 주님이 이들의 마음을 돌이키심을 알게 하옵소서!" 그의 의도를 보십시오. 그는 하나님이 이 구속 행위의 존귀와 영광을 받아 주시길 기도했습니다. 그리고 하나님이 속히 힘 있게 응답하시자, 백성들은 회개했으며 여호와께서 하나님이심을 선포했습니다.

30엘리야가 모든 백성을 향하여 이르되 내게로 가까이 오라 백성이 다 그에게 가까이 가매 그가 무너진 여호와의 제단을 수축하되 31야곱의 아들들의 지파의 수효를 따라 엘리야가 돌 열두 개를 취하니 이 야곱은 옛적에 여호와의 말씀이 임하여 이르시기를 네 이름을 이스라엘이라 하리라 하신 자더라 32그가 여호와의 이름을 의지하여 그 돌로 제단을 쌓고 제단을 돌아가며 곡식 종자 두 세아를 둘 만한 도랑을 만들고 33또 나무를 벌이고 송아지의 각을 떠서 나무 위에 놓고 이르되 통 넷에 물을 채워다가 번제물과 나무 위에 부으라 하고 34또 이르되 다시 그리하라 하여 다시 그리하니 또 이르되 세 번째로 그리하라 하여 세 번째로 그리하니 35물이 제단으로 두루 흐르고 도랑에도 물이 가득 찼더라(왕상 18:30~35)

바알 선지자들과의 대결에서 엘리야는 그들이 하나님의 백성을 잘못 인도할 여지를 남기지 않았습니다. 엘리야는 제물이 자연적인 방법으로는 불탈 수 없도록 엄청난 양의 물을 부었습니다. 그는 진실을 왜곡할 구실을 주지 않았으며, 하나님의 영광을 부인할 수 있는 어떠한 물리적 증거도 남기지 않은 것입니다. 또한 엘리야는 이스라엘 백성들에게 하나님의 백성으로서의 정체성을 눈으로 확인할 수 있도록 제단을 다시 세웠습니다. 그리스도인인 우리가 잠시 자신의 정체성을 잊을지라도 하나님은 그분 안에서 우리의 정체성을 결코 잊지 않으십니다.

36저녁 소제 드릴 때에 이르러 선지자 엘리야가 나아가서 말하되 아브라함과 이삭과 이스라엘의 하나님 여호와여 주께서 이스라엘 중에서 하나님이신 것과 내가 주의 종인 것과 내가 주의 말씀대로 이 모든 일을 행하는 것을 오늘 알게 하옵소서 37여호와여 내게 응답하옵소서 내게 응답하옵소서 이 백성에게 주 여호와는 하나님이신 것과 주는 그들의 마음을 되돌이키심을 알게 하옵소서 하매 38이에 여호와의 불이 내려서 번제물과 나무와 돌과 흙을 태우고 또 도랑의 물을 핥은지라 39모든 백성이 보고 엎드려 말하되 여호와 그는 하나님이시로다 여호와 그는 하나님이시로다 하니(왕상 18:36~39)

▶ 엘리야의 행동 때문에 하나님이 그처럼 응답하신 것일까요? 그렇다면 또는 그렇지 않다면, 그 이유는 무엇인가요?

▶ 왜 하나님은 그런 방식으로 응답하셨을까요?

그리스도와의 연결

분명한 한 가지는, 하나님은 우리를 위하신다는 것입니다. 진리와 거짓의 다툼 가운데 거짓은 우리를 속박하고 피 흘리게 하지만, 진리는 우리를 자유롭게 하고 생명을 회복시켜 줍니다. 바알 선지자들은 바알의 주의를 끌기 위해 자해하며 피 흘렸지만, 우주의 참 하나님은 큰 의식이나 인간의 의 때문이 아니라 자신의 창조 세계를 위해 피를 흘리고 죽으셨습니다. 하나님은 우리가 깨닫기도 전에 우리를 구속하시는 분입니다. "우리가 아직 연약할 때에 기약대로 그리스도께서 경건하지 않은 자를 위하여 죽으셨도다 … 우리가 아직 죄인 되었을 때에 그리스도께서 우리를 위하여 죽으심으로 하나님께서 우리에 대한 자기의 사랑을 확증하셨느니라"(롬 5:6~8).

YOUR STORY

하나님이 들려주시는 이야기는 오늘을 사는 나와 늘 연결되어 있습니다. 아래 질문에 답하면서 성경 이야기가 내 이야기와 어떻게 연결되는지 생각해 봅시다.

▸ 자신을 향한 많은 사람의 반대와 하나님을 향한 자신의 믿음 가운데 서 있던 엘리야는 진리의 편에 섰습니다. 오늘날 우리 문화 안에서 우리가 동일하게 행할 수 있는 방법에는 어떤 것이 있나요?
오늘날 우리 문화에서 그리스도인들이 반대에 부딪히는 몇 가지 예를 들어주면 도움이 될 것입니다.

▸ 엘리야는 자신의 우월함을 증명하기 위해서가 아니라, 그들의 마음을 하나님께로 돌이키실 수 있는 유일하신 참 하나님을 알리기 위해 거짓 선지자들과 대결했습니다. 이를 통해 볼 때 오늘날 우리가 진리를 주장할 경우 우리의 동기는 무엇이 되어야 할까요?
논증에서 이기거나 옳다고 증명되는 것보다 다른 이들의 영적 상태를 돌봐주는 것이 더 중요하다는 점을 알게 해 주십시오.

▸ 하나님이 권능을 드러내시는 것은 그분의 영광을 보여 줄 뿐 아니라, 사람들이 거짓 신으로부터 유일하신 참 하나님께로 돌아서게 하시기 위함이라는 점을 깨닫는 것이 왜 중요할까요?
요컨대, 하나님의 영광과 우리 자신의 개인적인 선과 기쁨이 모순되지 않고 오히려 동전의 양면과 비슷하다는 것을 보여 주기에 중요합니다.

▸ 이번 과에서 개인적으로 어떤 도전을 받았나요?
이 질문에 관한 대답은 다양할 것입니다.

하나님의 이야기
하나님이 그분의 아들
예수 그리스도를 통해
우리를 구속해 주신 이야기

우리의 이야기
우리의 이야기가
하나님의 이야기와
만나는 곳

YOUR MISSION

생 각

인간은 늘 무엇인가를 숭배합니다. 그런 까닭에 뜨거운 논쟁, 운동, 유명 인사, 정치, 돈, 패션 등과 같은 많은 것을 숭배하는 데에 자신의 생명을 바칩니다. 비록 현대의 서구식 사고방식은 때때로 '숭배'를 무지한 고대 사람이나 행했던 것으로 낮춰 보지만, 인간은 모두 무엇인가를 숭배하는 상태까지 가기 마련입니다. 그래서 그것의 제단에 자기 인생을 제물로 바칩니다.

- 거짓 신을 위한 희생과, 하나님의 희생이 생명을 주도록 허용한 것 사이의 차이점을 어떻게 설명할 수 있나요?

  이 질문에 관한 대답은 다양할 것입니다.

- 그동안 자신이 세워 왔던 '제단', 즉 하나님과의 관계를 소홀히 하도록 만들었던 제단에는 무엇이 있었나요?

  이 질문에 관한 대답은 다양할 것입니다.

마 음

엘리야와 당시 사람들에게서 볼 수 있듯, 오늘날 우리의 진짜 문제는 영적인 불충이고, 이는 영적인 가뭄과 파멸로 이어집니다. 우리가 평화, 사랑, 은혜를 결코 줄 수 없는 것에서 끊임없이 찾다 보면 결국 피조물을 숭배하는 것으로 끝납니다. 우리의 눈이 열릴 때에만 피조물이 아닌 창조주 하나님이 우리에게 필요하고 우리가 원하는 모든 것의 근원이심을 분명히 알게 됩니다.

- 우리 문화 가운데 개인적 충성심을 불러일으키기는 하지만 하나님께 대한 충성을 오해하게 만드는 것들에는 무엇이 있나요?

  이 질문에 관한 대답은 다양할 것입니다.

- 하나님께 대한 충성과 신실이 세속적 충성보다 나음을 어떻게 드러낼 수 있을까요?

  이 질문에 관한 대답은 다양할 것입니다.

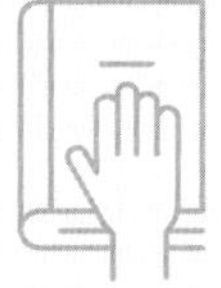

행 동

하나님의 백성이 세상 것에 많은 시간과 에너지를 쓰면, 하나님의 사역에 동참하려는 열망이 줄어들게 됩니다. 이는 우상이 시간과 힘을 다 쓰게 해 우리를 고갈시키고, 수시로 물리적·영적 자원을 많이 요구하기 때문입니다. 참 하나님은 우리가 하나님의 은혜와 권능을 효과적으로 전할 수 있도록 우리를 다시 채워 주시며 살피시는 유일하신 분입니다.

- 오늘날 우리의 시간과 노력을 허비하게 하는 '거짓 신'의 이름을 지어볼까요?

  이 질문에 관한 대답은 다양할 것입니다.

- 이러한 것은 왜 우리의 시간과 노력을 아주 많이 허비하도록 합니까?

  이 질문에 관한 대답은 다양할 것입니다.

다음 모임까지
삼하 10장; 대상 19장;
시 20편; 53편; 60편;
75편; 65~67편;
69~70편을
읽어 보세요.

엘리야,
넌 혼자가 아니야

요 약

이 과에서는 선지자 엘리야가 어쩌다가 실의와 절망에 빠지는 지 보게 될 것입니다. 하나님은 엘리야가 처한 상황에 대한 응답으로 자신을 계시하셨습니다. 하늘에서 불을 내리며 권능을 드러내신 하나님은 은혜로 가득 찬 순간에 엘리야에게 속삭인 분과 동일한 하나님이십니다. 하나님은 절망 중에 있는 우리를 강건하게 하시며, 우리가 믿는 거짓에 도전하십니다. 하나님은 그분의 백성과 그분의 말씀을 통해 우리를 보살피십니다. 그리스도인은 하나님 은혜의 수혜자로서 주님의 말씀을 전하기 위해 그분의 권능에 의지해야 합니다.

성 경

열왕기상 19장 1~18절

HIS STORY

포 인 트 우리가 두려움과 불신에 빠진 순간조차 하나님은 우리와 함께하신다.

등 장 인 물 삼위일체 하나님(성부, 성자, 성령)
엘리야(갈멜산에서 바알 선지자 450명과 대결한 선지자)
아합과 이세벨(북이스라엘의 왕과 왕후. 아합은 이스라엘의 왕들 가운데 가장 사악한 왕 중
한 사람으로 알려져 있음)

메시지 좌표 엘리야의 이야기에서, 우리는 힘든 상황을 경험하는 하나님의 선지자를 보게
됩니다. 우리는 지난 시간에 엘리야가 바알 선지자들과 장엄하게 겨루는 모습
을 봤고, 백성들은 여호와를 주님으로 선포했습니다. 엘리야는 그 기적 후에 엄
청난 결실을 기대했을 것이 확실합니다. 하지만 불이 하늘로부터 내려오는 것을
본 후에도 이스라엘의 왕(아합)과 왕후(이세벨)의 마음은 변하지 않았습니다. 그
대신, 왕후 이세벨은 엘리야를 죽이겠다고 위협까지 했습니다. 결과적으로, 엘리
야는 외로움과 절망에 빠졌습니다.

도입 5~10분

우리는 모두 영적인 삶에서 기쁨이 넘치는 경험, 즉 '산꼭대기'에 오른 것 같은 최고의 순간을 경험합니다. 그러나 산은 골짜기로 둘러싸여 있음을 기억하는 것이 중요합니다. 이처럼 영적인 삶도 '성공'과 '실패'라는 기복으로 가득할 것입니다. 때때로 하나님께 순종하는 대신, 골짜기에 빠질 수도 있다는 두려움에 빠지곤 합니다. 조별로 하나님을 따르지 못하는 흔한 이유에 관해 토론하게 한 후, 다음 질문을 던지십시오.

▶ 하나님의 일을 하다가 종종 어떤 식으로 의기소침하게 됩니까? 그만두고 싶을 정도로 낙담했던 적이 있습니까?

▶ 그리스도인들이 어려운 상황에 직면해서 그 결과를 두려워할 때, 우리는 어떻게 도울 수 있을까요?

엘리야는 갈멜산에서 승리했지만, 바알 선지자들을 잃은 것에 분노한 왕후 이세벨의 협박을 받아야 했습니다. 도망치느라 두렵고 기진맥진하게 된 엘리야는 너무 의기소침해져서 죽기를 요청했습니다. 이런 이야기는 성경 전체에 가득합니다. 하나님은 엘리야를 강력하게 사용하셨지만 그는 여전히 어려움과 낙담에 직면해 있었습니다.

때때로 악은 승리의 저편에서 우리를 기다립니다. 믿음이 강한 그리스도인조차 두려움과 의심에 빠지게 합니다. 하나님은 우리에게 쉬운 삶을 약속하지 않으셨습니다. 대신 우리를 돌보시고, 우리와 함께 골짜기를 걷겠다고 약속하셨습니다. 산에서 들린 세미한 소리처럼 하나님의 조용한 임재가 우리로 하여금 신뢰와 믿음을 회복하게 합니다.

이러다가 죽겠어요

엘리야와 백성들은 갈멜산의 대결에서 하나님의 권능이 멋지게 드러나는 것을 목격했습니다(왕상 18:18~39). 하나님은 자신이 모든 피조물의 주인이시라는 것과 바알은 인간이 만든 힘없는 창조물에 지나지 않는다는 것을 이스라엘 백성에게 증명해 보이셨습니다. 사람들은 회개했고, 여호와를 주님으로 고백했습니다. 갈멜산 대결에서의 승리는 엘리야와 이스라엘 민족에게 위대한 결과를 가져다줄 것처럼 보였습니다. 그 결과가 어떠했는지 함께 살펴봅시다.

도입 선택

조를 나눈 후 각 조별로 '가장 의기소침한 날'이라는 제목에 맞는 이야기를 꾸며 보게 하십시오. 얼마간 시간을 준 후 자유롭게 발표하게 하십시오(이야기를 들려주어도 좋고, 연기를 해도 좋습니다). 조별 발표가 끝난 후 학생들에게 다음과 같이 질문하십시오.

· *어느 조의 이야기에 가장 공감이 가나요?*
· *나쁜 하루가 이전의 좋았던 날들의 기억을 모두 지우는 것처럼 보이는 이유는 무엇입니까?*
· *하나님의 세미한 임재에 주목하면, 조별로 꾸민 이야기들을 보는 관점이 어떻게 달라질까요?*

때로는 부정적인 환경이 하나님을 바라보는 그리스도인의 시야를 가립니다. 하나님과의 만남이나 승리 후에 종종 이처럼 의기소침하게 만드는 일이 생깁니다. 하나님은 엘리야를 돌보셨던 것처럼 우리를 돌보실 것이며, 우리 삶에 하나님이 임하시는 것과 그분의 계획에 우리 목적이 있음을 알게 하실 것입니다.

¹아합이 엘리야가 행한 모든 일과 그가 어떻게 모든 선지자를 칼로 죽였는지를 이세벨에게 말하니 ²이세벨이 사신을 엘리야에게 보내어 이르되 내가 내일 이맘때에는 반드시 네 생명을 저 사람들 중 한 사람의 생명과 같게 하리라 그렇게 하지 아니하면 신들이 내게 벌 위에 벌을 내림이 마땅하니라 한지라 ³그가 이 형편을 보고 일어나 자기의 생명을 위해 도망하여 유다에 속한 브엘세바에 이르러 자기의 사환을 그곳에 머물게 하고 ⁴자기 자신은 광야로 들어가 하룻길쯤 가서 한 로뎀나무 아래에 앉아서 자기가 죽기를 원하여 이르되 여호와여 넉넉하오니 지금 내 생명을 거두시옵소서 나는 내 조상들보다 낫지 못하니이다 하고 ⁵로뎀나무 아래에 누워 자더니 천사가 그를 어루만지며 그에게 이르되 일어나서 먹으라 하는지라 ⁶본즉 머리맡에 숯불에 구운 떡과 한 병 물이 있더라 이에 먹고 마시고 다시 누웠더니 ⁷여호와의 천사가 또 다시 와서 어루만지며 이르되 일어나 먹으라 네가 갈 길을 다 가지 못할까 하노라 하는지라 ⁸이에 일어나 먹고 마시고 그 음식물의 힘을 의지하여 사십 주 사십 야를 가서 하나님의 산 호렙에 이르니라 ⁹상엘리야가 그곳 굴에 들어가 거기서 머물더니 (왕상 19:1~9상)

갈멜산 사건을 경험한 엘리야가 생존 위협 앞에서 두려움에 떨며 도망치는 반응을 보였다는 것을 도저히 믿기 어렵습니다. 하지만 그런 일이 벌어졌습니다. 우리가 종종 그러는 것처럼, 엘리야도 하나님의 권능이라는 중요한 진리를 잊어버렸던 것입니다. 그래서 위협적인 상황에 부딪히자 거기서 멀리 도망치는 반응을 보였습니다.

로뎀나무 아래 도착할 무렵, 엘리야는 완전히 낙담해 삶의 희망을 잃은 상태였습니다. 그는 자신을 인생 실패자로 여기며 "나는 내 조상들보다 낫지 못하니이다"라고 말했습니다. 엘리야는 이전에 활동했던 선지자들을 가리켰습니다. 갈멜산에서 자신이 한 일의 결과를 보며, 백성들이 다시 하나님께 예배드리게끔 하는 영향력 면에서 자신은 이스라엘의 이전 선지자들보다 부족하다고 생각했습니다. 그래서 예언 사역도 끝내고, 삶도 끝내기를 바랐습니다. 그야말로 '바닥'을 쳤던 것입니다. 하지만 그런 절망의 순간에 주님은 그에게 먹을 것을 보내 쉬게 하셨습니다. 계속 활동할 수 있도록 힘을 주신 것입니다. 하나님은 엘리야가 믿음이 부족하고 절망할 때조차 그의 곁에서 그를 돌보셨습니다.

자신이 힘들 때 하나님이 신실하게 보살펴 주셨던 경험을 나눠 보십시오. 하나님의 권능을 잊은 채 상황에 짓눌리도록 어떻게 유혹당했나요?

쉿, 귀를 기울이렴

하나님은 음식과 쉼을 선물로 주시며 기진맥진한 몸과 마음을 보살펴 주시고 나서 엘리야에게 물으셨습니다. 하나님은 엘리야가 어떻게 이해하는지에 관심을 기울이셨습니다.

9하여호와의 말씀이 그에게 임하여 이르시되 엘리야야 네가 어찌하여 여기 있느냐 10그가 대답하되 내가 만군의 하나님 여호와께 열심이 유별하오니 이는 이스라엘 자손이 주의 언약을 버리고 주의 제단을 헐며 칼로 주의 선지자들을 죽였음이오며 오직 나만 남았거늘 그들이 내 생명을 찾아 빼앗으려 하나이다 11여호와께서 이르시되 너는 나가서 여호와 앞에서 산에 서라 하시더니 여호와께서 지나가시는데 여호와 앞에 크고 강한 바람이 산을 가르고 바위를 부수나 바람 가운데에 여호와께서 계시지 아니하며 바람 후에 지진이 있으나 지진 가운데에도 여호와께서 계시지 아니하며 12또 지진 후에 불이 있으나 불 가운데에도 여호와께서 계시지 아니하더니 불 후에 세미한 소리가 있는지라 13엘리야가 듣고 겉옷으로 얼굴을 가리고 나가 굴 어귀에 서매 소리가 그에게 임하여 이르시되 엘리야야 네가 어찌하여 여기 있느냐 14그가 대답하되 내가 만군의 하나님 여호와께 열심이 유별하오니 이는 이스라엘 자손이 주의 언약을 버리고 주의 제단을 헐며 칼로 주의 선지자들을 죽였음이오며 오직 나만 남았거늘 그들이 내 생명을 찾아 빼앗으려 하나이다 (왕상 19:9하~14)

엘리야는 주님의 물음에 실망감과 절망감을 드러내며 답했습니다. 엘리야의 대답은 그가 갈멜산 사건을 협소한 관점에서만 바라보고 있음을 보여 줍니다. 그는 이스라엘을 비난하면서, 하나님이 하늘로부터 불을 내리시고 백성들을 회개하게 하시고 바알 선지자들을 처단하신 일은 언급하지 않았습니다. 그는 시야가 좁았으며 잘못 알고 있었던 것입니다.

절망에 빠지면 주변 빛이 흐릿하게 보일 수 있습니다. 진리를 가늠할 수 없는 어둡고 침울한 마음은 '터널 끝에 있는 빛'을 보지 못하고 길을 잃을 수밖에 없습니다. 절망에 빠진 엘리야는 부정적인 측면에 집중했던 이스라엘 백성

본문으로 더 깊이

홀만 구약 주석(*the Holman Old Testament Commentary*)에서는 이렇게 진술합니다. "그러나 엘리야의 감정과 실재 사이에는 심대한 차이가 있었습니다. 하나님의 본성을 잊은 결과, 그의 시각이 왜곡되었습니다. 그의 밑바닥에 하나님을 향한 불만이 있었기에 그는 불평했습니다. 엘리야는 주님이 그러한 일들을 경험하도록 허용하심으로써 자신을 제대로 대우하지 않으셨다고 생각했습니다. 절망으로 인해 엘리야는 자기중심적이 되었습니다."

을 향해 비난을 퍼부었습니다. 그는 자신이 보고 싶은 대로, 즉 상황을 자기중심적인 시각에서 바라보았습니다. 하늘에서 불이 내린 것을 보고도 사람들이 하나님께 돌아오지 않는다면, 분명히 다시는 돌아오지 않을 텐데 말입니다.

하나님은 엘리야에게 다시 답을 주셨고 그것은 특별했습니다. 그와 논쟁하기보다는 그가 그분을 만날 수 있도록 이끄셨습니다. 이는 그에게 중요한 순간이었습니다. 하나님이 그분의 본성을 내보여 주셨기 때문입니다. 하나님은 환상적인 방식으로만 역사하시는 것이 아니라, 대수롭지 않은 듯 세미하게도 역사하십니다.

네 친구가 칠천 명이나 된단다

하나님은 엘리야에게 선지자의 사명을 다시 주시며, 여전히 신실한 남은 자들을 보여 주셨습니다. 하나님은 엘리야를 통해 다른 이들을 돌보시고, 또한 그들을 통해 엘리야를 돌보실 것입니다.

15여호와께서 그에게 이르시되 너는 네 길을 돌이켜 광야를 통하여 다메섹에 가서 이르거든 하사엘에게 기름을 부어 아람의 왕이 되게 하고 16너는 또 님시의 아들 예후에게 기름을 부어 이스라엘의 왕이 되게 하고 또 아벨므홀라 사밧의 아들 엘리사에게 기름을 부어 너를 대신하여 선지자가 되게 하라 17하사엘의 칼을 피하는 자를 예후가 죽일 것이요 예후의 칼을 피하는 자를 엘리사가 죽이리라 18그러나 내가 이스라엘 가운데에 칠천 명을 남기리니 다 바알에게 무릎을 꿇지 아니하고 다 바알에게 입 맞추지 아니한 자니라(왕상 19:15~18)

엘리야의 새로운 임무는 다른 이들이 하나님의 일을 하도록 길을 예비하는 것이었습니다. 엘리야가 시작한 일을 다른 이들이 완성할 것입니다. 주님이 그에게 다른 방식으로 일하시는 하나님을 다시 한 번 가르쳐 주신 것입니다. 우상 숭배와의 전쟁은 엘리야를 통해야만 이길 수 있는 것이 아니었습니다. 하나님의 백성에게 새로운 질서가 임할 텐데, 엘리야가 그것을 알리는 역할을 하지 않을 것입니다.

우리 생각이 부정적이고 자기중심적으로 될 때, 하나님이 그분의 선과 빛을 우리를 통해 계시하심을, 또한 다른 사람을 통해 계시하심을 잊을 수 있습니다. 하나님은 우리가 그분의 사랑을 전하려는 사람들과 함께 살고 있음을 기억하도록 우리를 부르셨습니다.

그리스도와의 연결

하나님 나라에서 우리의 사역은 (단지) 중요한 순간 그 이상이며, 우리의 목적은 우리의 삶을 초월합니다. 반대와 핍박 가운데 하나님의 말씀을 전하시던 예수님이 부활하셨기 때문에 우리는 주님을 위한 모든 수고가 중요함을 알 수 있습니다. 그것은 영원할 것이며, 하나님의 말씀은 공허하게 돌아오지 않고 그 목적을 성취할 것입니다. 우리가 극한 어려움에 처할 때에도 속삭이며 다가오시는 하나님을 신뢰하면서, 우리는 예수님을 바라보고 따릅니다.

그리고 우리가 예수님을 바라보면서, 그분이 우리에게 날마다 자기 십자가를 지고(또는 우리 자신에 대해 죽고) 하나님의 구원 사역의 일원이 되어 주님을 따르도록 가르치셨음을 기억하는 것이 중요합니다. 그분은 날마다 그분의 권위에 복종하는 전투를 하도록 하셨으니, 우리는 그분의 나라와 영광을 위해 크고 작은 방법을 사용할 수 있습니다.

알짬 교리 **99**

편재하신 하나님

편재하시는 하나님이란 하나님이 모든 피조물과 완전히 구별되는 유일한 존재이면서도 자기 형상으로 만든 인간과는 인격적인 관계를 맺으시는 분이라는 뜻입니다. 하나님은 이신론자들이 생각하는 것처럼 피조세계와는 아무런 관계도 맺지 않고, 천상의 보좌에만 앉아 있는 '멀리 계시는 하나님'이 아닙니다. 즉 하나님과 인격적인 관계를 맺도록 자기 형상을 따라 사람을 지으신 인격적인 하나님이시라는 뜻입니다.

YOUR STORY

하나님이 들려주시는 이야기는 오늘을 사는 나와 늘 연결되어 있습니다. 아래 질문에 답하면서 성경 이야기가 내 이야기와 어떻게 연결되는지 생각해 봅시다.

▶ 엘리야가 의심과 절망으로 힘들어할 때, 그를 보살펴 주신 하나님에게서 어떤 성품을 찾아볼 수 있습니까?

이것은 우리가 하나님께 신실하려고 씨름하는 때조차 하나님은 우리에게 은혜롭고 자비로우며 신실하시다는 것을 보여 줍니다. 어려움을 겪는 자녀를 돌보는 사랑의 아버지처럼, 하나님은 우리를 회복시키는 데 필요한 위로와 격려를 주시고자 우리에게 가까이 다가오십니다.

▶ 엘리야는 너무 실망하고 절망한 탓에 바로 앞에 놓인 상황밖에는 볼 수가 없었습니다. 어떻게 하면 마음의 고통으로 눈이 어두워진 사람에게 더 큰 그림을 볼 수 있게 도울 수 있을까요?

가장 좋은 방법은 그들에게 예수님과 하나님의 말씀을 보여 주는 것입니다. 성경 이야기를 구체적으로 보여 줌으로써 하나님이 계실 뿐만 아니라 돌보신다는 것을 '느끼지' 못할 때조차도 하나님은 역사하고 계심을 알게 할 수 있습니다.

▶ 엘리야가 실망한 이유는 갈멜산의 대결이 그가 생각했던 것보다 세상에 큰 영향을 미치지 못했기 때문입니다. 이와 비슷한 경험을 한 적이 있나요? 엘리야의 이야기에 비추어 볼 때, 이와 비슷한 상황을 만나면 어떻게 반응해야 할까요?

이 질문에 관한 대답은 다양할 것입니다.

▶ 엘리야는 진리를 위한 그의 목적에 다른 사람들도 함께하게 될 것이라는 이야기를 듣고 격려를 받았을 것입니다. 이 이야기는 그리스도인으로서 살아가는 데, 믿음을 함께하는 사람들의 중요성에 관해 무엇을 가르쳐 주나요?

공동체 안에서 다른 그리스도인들과 더불어 살면, 많은 유익이 있습니다. 한 예로 그리스도 안에서 살아온 다른 이들의 믿음의 삶을 보고 그러한 신앙으로 살아갈 힘과 용기를 얻을 수 있습니다.

하나님의 이야기
하나님이 그분의 아들
예수 그리스도를 통해
우리를 구속해 주신 이야기

우리의 이야기
우리의 이야기가
하나님의 이야기와
만나는 곳

YOUR MISSION

생 각

많은 교회가 하나님을 위한 '큰일'에 매우 집중하는 경향이 있습니다. 그러나 우리가 일상 가운데 일어나는 하나님의 세미한 역사를 간과한다면 어떻게 될까요? 작은 것, 고요한 것에서 하나님을 발견하는 법을 배우기란 쉽지 않지만, 우리는 하나님의 말씀으로 깨어지고 변화될 만큼 충분히 오랫동안 영혼을 조용히 하는 법을 배워야 합니다. '하늘로부터의 불'만 기대하다 보면, '고요한, 작은 소리'를 놓치고 맙니다.

- 하나님이 우리 삶에 세미하게 역사하신다고 할 만한 것에는 무엇이 있을까요?
  이 질문에 관한 대답은 다양할 것입니다.

- 세미하게 임하는 하나님을 시사함으로써 친구들과 서로 격려할 수 있을까요?
  이 질문에 관한 대답은 다양할 것입니다.

마 음

우리는 실패가 주는 쓰라림을 맛볼 수 있지만, 절망이 닥쳤다고 해서 자책하거나 부정할 필요는 없습니다. 그러나 그 순간에 영원히 머무를 수도 없습니다. 본문에서 하나님은 절망에 빠져 호렙산(시내산)으로 가는 엘리야를 한 달 이상 동안 돌보셨습니다. 천사가 말했듯이 그에게는 아직 할 일이 많이 남아 있었습니다. 하나님이 그를 사용하기 원하셨다는 사실은 우리를 격려하고 우리도 사용하기 원하실 것이라는 믿음을 강하게 해 줍니다.

- 실의에 빠지거나 실패를 경험하면 주로 어떻게 반응하나요?
  이 질문에 관한 대답은 다양할 것입니다.

- 그런 순간에 어떻게 하면 성경적이면서도 건강하게 반응할 수 있을까요?
  이 질문에 관한 대답은 다양할 것입니다.

행 동

하나님은 힘든 시간을 보내는 우리를 통해서도 세상에 영향을 미치는 사역을 계속하십니다. 이것이 바로 우리 삶이 중요하지 않다고 생각하게 하는 유혹에 맞서야 하는 이유입니다. 엘리야처럼 우리도 지치고 절망에 빠지면 편협한 마음이 되어 인류를 향한 하나님의 사명을 보지 못하게 될 수도 있습니다. 그러나 하나님은 예수 그리스도께서 순종하며 받으신 고난과 구속의 부활을 통해, 현재 상황이 아무리 암울해도 소망이 있음을 보여 주셨습니다.

- 어려움에 처한 당신에게 하나님이 다른 사람을 돌보도록 하신 적이 있나요?
  이 질문에 관한 대답은 다양할 것입니다.

- 어려움에 처한 당신을 돌보시기 위해 하나님이 다른 사람을 보내신 적이 있나요?
  이 질문에 관한 대답은 다양할 것입니다.

다음 모임까지
삼하 11~12장;
대상 20장; 시 51편;
32편; 86편;
102~103편; 122편을
읽어 보세요.

03

나아만,
네가 낫고자 하느냐

요약

이 과에서는 선지자 엘리사가 나아만이라는 이방인을 낫게 해
준 이야기를 살펴볼 것입니다. 이 이야기는 하나님의 구원과 치
유의 필요성뿐 아니라 주님께 치유받기 위해 필요한 겸손에 관
한 아름다운 장면을 보여 줍니다. 하나님의 방법에 순종해 구
원받을 만큼 충분히 겸손하지 않으면, 영적인 질병은 치유받지
못할 것입니다. 그러나 하나님의 은혜를 겸손히 받을 수만 있다
면, 자유롭게 하나님의 선하심을 증거하며 순종을 통해 하나님
께 영광을 돌려 드릴 수 있을 것입니다.

성경

열왕기하 5장 1~19상절

HIS STORY

포 인 트   영적 질병에 대한 하나님의 치유에는 겸손과 회개가 포함된다.

등 장 인 물   삼위일체 하나님(성부, 성자, 성령)
엘리야(하나님의 선지자)
나아만(아람의 군대 장관, 한센병에 걸린 이방인)

메시지 좌표   처음부터 아담과 하와는 자신들의 생명과 목적과 생계를 하나님께 의지했습니다. 그러나 곧, 홀로 서서 오만에 빠진 그들은 하나님께 의지하기보다 하나님과 같아지기를 선택했습니다(창 3:4~5). 이들 첫 번째 가정은 불순종한 까닭에 동산에서 쫓겨났을 뿐만 아니라 오늘날까지 모든 세대에게 반역이라고 하는 타락한 본성을 전했습니다. 우리는 교만으로 병들었기에 만약 하나님이 요구하시는 어린아이 같은 신앙으로 돌아가지 않는다면, 정해진 죽음이 우리 앞에 서서히 모습을 드러낼 것입니다.

이번 과에서는 선지자 엘리사가 나아만이라는 이방인을 고쳐 준 이야기를 살펴볼 것입니다. 이 이야기는 하나님이 주시는 구원과 치유가 우리에게 필요하다는 것과 치유받기 위해서는 겸손해야 한다는 것을 아름답게 보여 줍니다.

도 입

책이든 영화든, 거의 모든 이야기에는 주인공이 있습니다. 주인공의 주요 역할은 개인적인 결함이나 힘든 일을 극복하는 것입니다. 주인공들은 겉으로는 강해 보여도, 내면에서는 자신에게 부족한 영역에서 일종의 구원을 찾기 위해 분투하곤 합니다.

이제 우리는 '나아만'이라는 인물에게서 그러한 면을 보게 될 것입니다. 나아만은 강한 전사이며 지도자였지만, '한센병'(나병)이라는 육체적 질병과 '교만한 마음'이라는 영적 질병을 모두 극복하기 위해 분투해야 했습니다. 나아만은 자신의 마음에서 벌어지는 '교만'이라는 내적 분투를 먼저 다루고 나서야 자신의 육체적 질병을 극복하기 위한 해결책을 얻을 수 있을 것입니다.

▶ 개인적인 결함이나 힘든 일을 극복하느라 애쓰는 주인공으로 어떤 인물들을 꼽을 수 있습니까?

나아만 장군이 한센병에 걸렸다!

성경에 등장하는 물리적인 기적들은 하나님의 권능의 역사적인 현현입니다. 여기서 우리는 중요한 영적 진리를 얻을 수 있습니다. 나아만이 극적으로 치유받은 이 이야기는 한 사람의 삶에 일어난 하나님의 적극적인 은혜에 대한 기록입니다. 또한 이 이야기는 오늘날 우리에게 은혜의 영향을 상기시키는 중요한 것입니다. 이야기가 어떻게 시작되었는지 살펴봅시다.

> [1]아람왕의 군대 장관 나아만은 그의 주인 앞에서 크고 존귀한 자니 이는 여호와께서 전에 그에게 아람을 구원하게 하셨음이라 그는 큰 용사이나 나병환자더라 [2]전에 아람 사람이 떼를 지어 나가서 이스라엘 땅에서 어린 소녀 하나를 사로잡으매 그가 나아만의 아내에게 수종 들더니 [3]그의 여주인에게 이르되 우리 주인이 사마리아에 계신 선지자 앞에 계셨으면 좋겠나이다 그가 그 나병을 고치리이다 하는지라 [4]나아만이 들어가서 그의 주인께 아뢰어 이르되 이스라엘 땅에서 온 소녀의 말이 이러이러하더이다 하니 (왕하 5:1~4)

도입 선택

학생들을 세 명씩 한 조로 나눈 후 각 조에 휴지 한 장, 구슬 다섯 개 (혹은 무게가 나가는 다른 물건), 물 한 컵, 면봉을 나눠 주십시오 (가능하면, 야외에서 활동하십시오). 두 명이 휴지 양쪽을 단단히 붙잡게 한 후, 남은 한 명이 면봉에 물을 묻혀 휴지 한가운데에 몇 방울 떨어뜨리게 하십시오. 그리고 구슬 다섯 개를 휴지 위에 올려 놓게 하십시오. 구슬이 휴지를 뚫고 밑으로 떨어지지 않은 조가 있다면, 남은 물을 그 위에 붓게 하십시오. 활동을 마친 후에, 전체 모임에서 다음 질문을 하십시오.

• 물이 휴지에 어떤 역할을 했나요? 왜 구슬은 휴지를 뚫고 밑으로 떨어졌나요?

물이 휴지를 적시자 구슬이 밑으로 떨어졌듯, 질병은 우리를 약하게 만듭니다. 의사는 약을 처방해 줄 수 있지만, 우리는 낫기 위해 할 수 있는 일이 아무것도 없습니다. 단지 쉬면서 의사의 지시를 따를 뿐입니다. 이처럼, 영적 질병(죄)이 우리의 영적 삶을 약화시킵니다. 육체적인 치유를 위해 의사와 약이 필요하듯, 하나님과의 관계에 생긴 균열을 치유하기 위해 누군가가 필요합니다. 우리가 할 수 있는 일은 아무것도 없습니다. 영적 질병으로부터 치유되는 유일한 길은 겸손하며, 죄를 회개하고, 구원을 위해 예수님을 신뢰하는 것뿐입니다.

• 영적 치유의 필요성을 인정하거나 하나님께 도움을 요청하는 일을 하지 못하게 가로막는 것들은 무엇입니까?

연 대 표

언뜻 보기에 나아만에게서는 성공한 사람의 특성과 좋은 점이 보였습니다. 그는 아람(수리아)의 군대 장관이었고, 왕의 존경을 받았습니다. 나아만이 이방인임에도 불구하고, 주님은 그가 하는 일에 적극적으로 복을 주셨습니다. 그는 뛰어난 군사적 기량과 끈질긴 용맹을 보이며 모두의 인정을 받았습니다.

그러나 큰 찬사를 받는 이면에서, 이 아람인 영웅은 홀로 한센병(나병)과 싸워야 했습니다. 이 병은 완치될 수 없을 뿐만 아니라, 그가 가진 모든 좋은 것들을 훼손했습니다. 그를 기다리는 미래의 죽음 앞에서 현재의 기쁨이란 없었습니다. 한센병은 사형 선고였으며, 별을 단 장군일지라도 절망과 좌절에 빠지게 했습니다.

나아만의 치유는 예상치 못한 곳에서 시작되었습니다. 나아만의 병에 연민을 느낀 유대인 여종이 그에게 소망의 말을 건넸고, 이것이 모든 것을 바꿔 놓았습니다.

[5]아람왕이 이르되 갈지어다 이제 내가 이스라엘왕에게 글을 보내리라 하더라 나아만이 곧 떠날새 은 십 달란트와 금 육천 개와 의복 열 벌을 가지고 가서 [6]이스라엘왕에게 그 글을 전하니 일렀으되 내가 내 신하 나아만을 당신에게 보내오니 이 글이 당신에게 이르거든 당신은 그의 나병을 고쳐 주소서 하였더라 [7]이스라엘왕이 그 글을 읽고 자기 옷을 찢으며 이르되 내가 사람을 죽이고 살리는 하나님이냐 그가 어찌하여 사람을 내게로 보내 그의 나병을 고치라 하느냐 너희는 깊이 생각하고 저 왕이 틈을 타서 나와 더불어 시비하려 함인줄 알라 하니라 [8]하나님의 사람 엘리사가 이스라엘왕이 자기의 옷을 찢었다 함을 듣고 왕에게 보내 이르되 왕이 어찌하여 옷을 찢었나이까 그 사람을 내게로 오게 하소서 그가 이스라엘 중에 선지자가 있는 줄을 알리이다 하니라 [9]나아만이 이에 말들과 병거들을 거느리고 이르러 엘리사의 집 문에 서니 **(왕하 5:5~9)**

아람왕은 나아만을 돕기 위해 그의 손에 이스라엘왕에게 보낼 선물들을 주어 보냈습니다. 그것을 받은 이스라엘왕은 자신에게는 치유의 기적을 행할 능력이 없다고 말하며 두려워했습니다. 그의 눈에는 아람과의 오랜 반목을 다시 일으키려는 시도로밖에 보이지 않았던 것입니다.

그러나 엘리사 선지자는 그의 필사적인 간청 가운데 있는 절망과 진정성을 봤습니다. 하나님이 움직이지 않으시면, 어떠한 것도 나아만의 죽음을 막지 못할 것입니다. 이스라엘에 있는 하나님의 선지자 엘리사는 문제의 해결책이 아니었습니다. 그 대신에, 그는 문제 해결을 위한 수단으로 임명된 사람이었습니다. 한센병은 심각한 질병이므로 기적의 도움이 절실히 필요했습니다. 더 이상 남은 방법이 없었기에 이 낙담한 장군에게 엘리사의 하나님은 마지막 남은 희망이었습니다.

살려니까 할 수 없구나

이 상황을 상상해 보십시오. 나아만은 자신이 얼마나 절망적이었는지 보여 주었습니다. 자신의 상태가 심각하며, 치유되기 위해서는 다른 사람이나 다른 어떤 것에 절대적으로 의존해야 한다는 것을 알고 있었습니다. 그러나 자신의 절망적인 상태를 인정하는 것만으로는 충분하지 않았습니다. 그는 겸손해야 했습니다. 엘리사의 곤혹스러운 지시가 나아만의 자존심을 건드렸을 때 이러한 사실을 깨닫게 됩니다.

> [10]엘리사가 사자를 그에게 보내 이르되 너는 가서 요단강에 몸을 일곱 번 씻으라 네 살이 회복되어 깨끗하리라 하는지라 [11]나아만이 노하여 물러가며 이르되 내 생각에는 그가 내게로 나와 서서 그의 하나님 여호와의 이름을 부르고 그의 손을 그 부위 위에 흔들어 나병을 고칠까 하였도다 [12]다메섹 강 아바나와 바르발은 이스라엘 모든 강물보다 낫지 아니하냐 내가 거기서 몸을 씻으면 깨끗하게 되지 아니하랴 하고 몸을 돌려 분노하여 떠나니 [13]그의 종들이 나아와서 말하여 이르되 내 아버지여 선지자가 당신에게 큰 일을 행하라 말하였더면 행하지 아니하였으리이까 하물며 당신에게 이르기를 씻어 깨끗하게 하라 함이리이까 하니 [14]나아만이 이에 내려가서 하나님의 사람의 말대로 요단강에 일곱 번 몸을 잠그니 그의 살이 어린 아이의 살 같이 회복되어 깨끗하게 되었더라 (왕하 5:10~14)

이 이야기의 초점은 엘리사의 초자연적인 능력이 아닙니다. 그가 나아만을 직접 맞이하는 대신 사자를 보낸 것만 봐도 알 수 있습니다. 초점은 은혜를 받기 위해 필요한 겸손입니다. 또한 은혜가 나오는 단 하나의 근원인 하나님 그분입니다.

구약에서 한센병에 관해 기록된 다른 두 가지 예에서 유사한 유형이 드러납니다(모세와 미리암). 이 병은 매우 심각해 오직 하나님만이 치유하실 수 있습니다. 그런 까닭에 예수님은 신약에서 한센병 환자들을 고치실 때, 자신의 정체성을 구약에 등장하는 권능의 하나님으로 증명하셨습니다. 영적인 의미에서 한센병은 영적인 병을 신체적으로 묘사한 것으로 오직 하나님만이 우리를 살리실 수 있습니다.

안타깝게도, 우리는 치유를 위한 하나님의 지시에 잘 순종하려고 하지 않습니다. 특별한 의식을 기대했던 나아만은 이상해 보이는 치료법에 모욕감을 느끼고 화를 냈습니다. 우리도 종종 이렇게 생각합니다. 하나님과 올바른 관계를 맺으려면, 의식이나 종교적 활동이나 성례전 참여 같은 것을 해야 한다고 말입니다. 또는 단순히 하나님의 은혜로우신 속성을 이용해 회개나 겸손 없이도 용서받기를 바랍니다.

한센병이 낫다니!
여호와는 정말 하나님이시구나

나아만은 기적적인 치유를 경험하고 다음과 같은 반응을 보였습니다. 첫째, 이스라엘의 하나님을 찬양함으로써 여호와를 신뢰합니다. 둘째, 무엇인가를 되돌려 드리기를 원합니다. 한때 자기 영광에만 관심이 있고 교만했던 이방인 나아만이 어떻게 찬양을 통해 하나님께 영광을 돌려 드리고자 했는지를 살펴보십시오.

[15]나아만이 모든 군대와 함께 하나님의 사람에게로 도로 와서 그의 앞에 서서 이르되 내가 이제 이스라엘 외에는 온 천하에 신이 없는 줄을 아나이다 청하건대 당신의 종에게서 예물을 받으소서 하니 [16]이르되 내가 섬기는 여호와께서 살아 계심을 두고 맹세하노니 내가 그 앞에서 받지 아니하리라 하였더라 나아만이 받으라고 강권하되 그가 거절하니라 [17]나아만이 이르되 그러면 청하건대 노새 두 마리에 실을 흙을 당신의 종에게 주소서 이제부터는 종이 번제물과 다른 희생제사를 여호와 외 다른 신에게는 드리지 아니하고 다만 여호와께 드리겠나이다 [18]오직 한 가지 일이 있사오니 여호와께서 당신의 종을 용서하시기를 원하나이다 곧 내 주인께서 림몬의 신당에 들어가 거기서 경배하며 그가 내 손을 의

지하시매 내가 림몬의 신당에서 몸을 굽히오니 내가 림몬의 신당에서 몸을 굽힐 때에 여호와께서 이 일에 대하여 당신의 종을 용서하시기를 원하나이다 하니 [19상]엘리사가 이르되 너는 평안히 가라 하니라(왕하 5:15~19상)

나아만은 자기 몸에 일어난 엄청난 기적을 깨닫고, 이스라엘의 하나님에게서만 찾을 수 있는 은혜를 깨달았습니다. 그 어떤 존재라 해도 거짓 신은 이처럼 즉각적이고 종합적인 치유를 일으킬 수 없습니다. 그는 겸손히 자신을 낮추고, 예배와 찬양을 받으시는 오직 한 분 참 하나님이 계시다는 유대인의 핵심 신앙을 고백했습니다.

나아만이 치유되기 전과 후에 했던 말을 비교해 보세요. 그의 태도에서 어떤 차이가 보입니까? 그가 근본적으로 달라졌다는 징후는 무엇입니까?

그리스도와의 연결

성경을 공부하면서 보아 왔듯이, 이스라엘 백성의 믿음은 자주 약해지고 흔들렸습니다. 그래서 그들은 우상들에 자신을 바치고, 참 하나님께 드리는 예배의 순수성을 저버리곤 했습니다. 나아만의 이야기가 흥미로운 것은 하나님께 선택받은 백성보다 이방인이 더 신실할 수 있다는 것을 보여 주기 때문입니다. 신앙적으로 퇴보해 이스라엘 백성들도 잘 하지 않는 신앙고백을 이방인 나아만이 하고 있는 것입니다. 예수님은 이러한 사실을 이렇게 한탄하기도 하셨습니다. "또 선지자 엘리사 때에 이스라엘에 많은 나병 환자가 있었으되 그중의 한 사람도 깨끗함을 얻지 못하고 오직 수리아 사람 나아만뿐이었느니라"(눅 4:27).

질병에 대한 우리의 해법은 나아만의 것과 동일합니다. 우리는 아무리 많은 노력과 자원과 인간관계를 동원해도 우리를 고통스럽게 하는 것에서 자신을 구할 수 없습니다. 우리가 벗어나려 하거나 맞서려고 해도, 결국 홀로 남겨진 채 허물과 죄 가운데 죽을 것입니다. 십자가가 없다면 우리는 정해진 죽음과 심판의 소용돌이로 빠져들 수밖에 없습니다(롬 1:18~19).

복음은 예수 그리스도께서 우리를 위해 자신을 희생하심으로써 우리 영혼의 한센병을 짊어지셨다는 것입니다(사 53:4). 예수님은 우리에게 최고의 소망이 아니라 유일한 소망이십니다. 하나님의 아들을 통해 은혜를 받는 것으로 타락한 존재인 우리의 죄가 적어지는 것이 절대 아닙니다. 오히려, 우리 스스로 할 수 없는 것을 주님이 우리를 위해 하셔야 한다는 그리스도의 주장은 하나님의 구원을 떠나서는 우리가 얼마나 극도로 사악한 존재일 수밖에 없는지를 강조할 뿐입니다.

알짬 교리 **99**

죄책과 수치

'죄책'이란 잘못된 행위에 대해 객관적 책임이 있음을 말하는 범책을 말하며, 또한 그렇게 범책을 짊어지는 자가 벌을 받아야 할 책임이 있음을 말하는 벌책을 포함합니다. 이러한 자에게 하나님은 죄에 따른 징계 또는 형벌을 내리십니다(마 5:21~22; 약 2:10). '수치'란 죄를 지음으로써 느끼게 되는 고통의 감정입니다. 성경은 객관적인 의미에서 인간은 죄책이 있으며, 주관적인 의미에서 수치심을 느낀다고 가르칩니다.

YOUR STORY

하나님이 들려주시는 이야기는 오늘을 사는 나와 늘 연결되어 있습니다. 아래 질문에 답하면서 성경 이야기가 내 이야기와 어떻게 연결되는지 생각해 봅시다.

▶ 겉으로 드러나는 외적 요소 가운데 어떤 것을 보고 그 사람이 성공했다고 평가할까요? 이러한 외적 요소들은 영적 질병을 앓는 그리스도인에게서 어떻게 우리의 관심을 돌리게 하나요?

다양한 대답이 있겠지만, 다음 같은 점들이 포함될 것입니다. 즉 그 사람이 얼마나 잘 알려져 있는지, 얼마나 많은 사랑을 받는지, 얼마나 많은 돈을 가졌는지, 얼마나 많은 능력이 있는지 등이 포함될 수 있습니다.

▶ 나아만의 이야기는 용서받기 위해 우리에게 겸손과 회개가 필요함을 가르쳐 줍니다. 어떤 사람들이 구원에 관해 말하면서 겸손과 회개를 언급하지 않는다면 그 이유는 무엇일까요?

때때로 구원에 관해 이야기할 때, 사람들은 마치 구원이 회개와 겸손으로 하나님을 진심으로 신뢰하는 것이라기보다는 어떤 진리를 인정하는 것인 듯 말합니다. 물론 우리가 하나님의 호의를 얻어 낼 수 없고, 우리 스스로 하나님의 은혜로 나아갈 수 없다는 것은 사실입니다. 하지만 성경이 하나님과의 올바른 관계를 위해서 (겸손이 따라야 하는) 회개가 반드시 있어야 한다고 반복해서 말한다는 것 또한 사실임을 잊어서는 안 될 것입니다.

▶ 복음에 친숙하다고 해서 그것에 무덤덤할 수 있을까요? 그렇게 되지 않으려면 어떻게 해야 할까요? 하나님께 영광을 돌려 드리는 실제적인 방법에는 어떤 것들이 있을까요?

이러한 유혹을 극복하는 한 가지 방법은 죄의 추악함을 밝히 보는 것입니다. 이렇게 하면 죄가 무엇이며, 죄의 파괴적인 결과들이 무엇인지에 대해 더욱 민감할 수 있습니다. 그럼으로써 우리는 구원을 베푸시는 하나님의 은혜를 더욱 인정할 수 있고, 예배와 찬양을 위한 마음을 키울 수 있습니다.

▶ 자신의 죄와 교만을 생각해 봅시다. 나아만의 이야기는 어떤 도전을 주나요?

이 질문에 관한 대답은 다양할 것입니다.

하나님의 이야기
하나님이 그분의 아들
예수 그리스도를 통해
우리를 구속해 주신 이야기

우리의 이야기
우리의 이야기가
하나님의 이야기와
만나는 곳

YOUR MISSION

 **생 각**

종종 우리는 우리 삶에 우리 자신이 무엇인가를 보태야 한다고 생각합니다. 회개와 믿음으로 주님을 부르는 것은, 나아만에게 그랬듯, 요단강에서 씻는 것만큼이나 하찮은 일로 보입니다. 하지만 이와 같이 겸손하지 못한 모습은 우리의 의지 가운데 있는 끔찍한 자신감뿐 아니라 우리 구원에 대한 하나님의 기여가 충분할 수 없다는 생각에서 나옵니다. 이것이 바로 하나님이 교만한 자를 물리치시고 겸손한 자에게 은혜를 베푸시는 이유입니다(약 4:6).

- 나아만은 선지자가 지시한 요단강이 아닌 다른 물에서 씻고 싶어 했습니다. 겸손한 회개와 믿음 외에 사람들이 구원을 얻기 위해 의지하는 '물'은 무엇일까요?

  이것은 학생들로 하여금 종종 구원에 도움을 주리라고 믿고 찾아 나서는 것들이 무엇인지를 생각하도록 하는 질문입니다. 선행이나 성실한 교회 출석 등이 포함될 수 있습니다.

- '다른 물'을 찾는다는 것은 그리스도의 희생을 어떻게 보고 있다는 뜻인가요?

  간단히 말해서, 그리스도의 구원 사역에 기여하거나 더할 필요가 있다고 생각함으로써 그리스도의 십자가 사역을 과소평가한다는 것입니다.

 **마 음**

북이스라엘과 남유다는 하나님 예배하기를 거절했고 결국 멸망합니다(왕하 17장; 24~25장). 이들의 종교적 위선에서, 우리는 무엇을 피하며 살아야 할지에 대한 경고를 들을 수 있습니다. 겉으로는 종교적인 사람들이 종종 하나님과 신실한 관계를 이루지 못합니다. 그리스도께서 우리를 구원하시기 위해 모든 것을 참으셨다는 사실에 감동받지 못한다면, 그것은 우리를 변화시키시는 하나님의 힘을 경험하지 못했음을 드러냅니다. 하나님을 아는 것은 그분을 사랑하는 것이며, 그분을 사랑하는 것은 그분을 예배하는 것입니다.

- 위선적인 삶이란 어떤 모습일까요?

  위선적인 삶은 겉으로는 좋아 보이지만, 내면으로는 완전히 죽어 있는 삶입니다(하나님이나 다른 사람을 향한 순수한 사랑이 없으며, 예수님의 주권에 전혀 복종하지 않습니다).

- 어떻게 하면 위선적으로 살지 않을 수 있을까요?

  가장 좋은 방법은 예수님과 사랑에 빠지고, 겸손하게 그분께 복종하며, 자기 죄를 회개하는 것입니다. 하나님과 올바른 관계를 맺는 것이야말로 내면이 살 수 있는 열쇠입니다.

 **행 동**

힘 있는 아람 남자와 수종 드는 약한 여종이 극명한 대조를 이룹니다. 이것은 우리에게 다시 한번 가르쳐 줍니다. 하나님은 지혜롭고 강한 사람을 부끄럽게 하시려고 어리석고 약한 사람을 택하시고, 아무것도 아닌 것으로 보이는 것을 사용해 오직 하나님이 성취하실 수 있는 것을 이루십니다.

- 다른 사람들에게 진리를 알리는 것에 대해 여종의 이야기는 어떤 예로 쓰일까요?

  이 질문에 관한 대답은 다양할 것입니다.

- 이 이야기는 우리 삶에서 하나님께 쓰임 받는 것에 관해 무엇을 가르쳐 줍니까?

  이 이야기는 하나님이 세상 기준에서 잘나고 똑똑한 사람들만 쓰시는 것은 아님을 가르쳐 줍니다.

> 다음 모임까지
> 삼하 13~15장;
> 시 3~4편; 13편; 28편;
> 55편을
> 읽어 보세요.

이사야, 네 죄가 보이느냐

요 약

이 과에서는 이사야 선지자가 높이 들린 보좌에 앉으신 하나님의 환상을 보는 장면을 살펴볼 것입니다. 성전에는 거룩함과 영광이 가득했습니다. 그는 하나님의 꿰뚫어 보시는 듯한 거룩함에 비추어 자기 죄와 무가치함을 제대로 봤습니다. 그러나 은혜의 하나님은 이사야 선지자를 회복시켜 계속 섬기게 하셨으며, 백성들에게 전할 메시지를 주셨습니다. 이사야와 마찬가지로 우리도 하나님의 영광 앞에서 자기 죄와 무가치함을 보게 됩니다. 그러나 하나님은 은혜로 우리의 죄를 다루시고, 그분의 사랑을 세상에 전할 사명을 주십니다.

성 경

이사야 6장 1~8절

HIS STORY

포 인 트

하나님의 거룩함과 비교할 때에야 비로소 죄를 올바로 이해할 수 있다.

등 장 인 물

삼위일체 하나님(성부, 성자, 성령)

이사야(오실 메시아에 관한 예언으로 가장 잘 알려진 선지자)

메시지 좌표

이 과에서는 이사야 선지자를 만나게 될 것입니다. 그는 높이 들린 보좌에 앉으신 하나님의 환상을 봤습니다. 성전에는 거룩함과 영광이 가득했습니다. 이사야는 하나님의 거룩함에 비추어 자신의 죄와 무가치함을 제대로 보았습니다. 그러나 하나님은 은혜를 주시며 그가 섬길 수 있도록 회복시켜 주셨고 백성을 위한 메시지를 그에게 주셨습니다. 이사야처럼, 우리도 또한 하나님의 영광의 환상에서 자신의 죄와 무가치함을 보게 될 것입니다.

도 입 〕

'거룩함'은 많은 그리스도인이 파악하기 어려워하는 개념이며, 거룩한 삶을 실천하는 것은 결코 쉽지 않습니다. 하지만 그렇다고 이 성품을 포기해서는 안 됩니다. 거룩함은 그리스도인의 삶에 있어서 본질적인 것이기 때문입니다. 하나님이 거룩하시듯이 우리도 거룩해야 합니다.

지난 과에서는 하나님이 (굉장한 기적과 세미한 소리를 통해, 위로의 말씀과 도전적인 명령을 통해) 자신을 어떻게 계시하시는지를 살펴봤습니다. 이번 과에서 우리는 이사야 선지자를 만나게 됩니다. 그는 환상 속에서 하나님을 만났고, 이것은 그의 인생을 송두리째 바꿔 놓았습니다.

이사야의 환상을 보면서, '하나님의 거룩하심'을 생각하고 긴장감을 느끼는 것은 정상입니다. 우리는 이사야처럼, 자신의 존재가 '거룩하지 않은' 많은 것으로 혼합되어 있다고 느낍니다. 이사야가 환상 속에서 하나님을 만난 사건이 주는 두려움을 파악하고자 씨름하기도 합니다. 환상 속에서 하나님을 만난 이사야는 두려움을 느끼게 됩니다. 그러나 하나님의 목적은 '파멸'이 아니라 '구속'이었습니다.

▶ '거룩함'이라는 단어를 생각하면 무엇이 떠오릅니까? 하나님이 왜 거룩함을 그토록 중요하게 여기신다고 생각합니까?

거룩하다 거룩하다 거룩하다

이사야의 환상은 유다의 통치자 웃시야왕이 죽던 해에 일어났습니다. 웃시야는 16세에 유다의 왕위에 올랐습니다. 사람들이 그의 아버지 아마샤왕에 반대해 공모하여 살해한 후였습니다(대하 25~26장). 하나님이 보시기에 웃시야는 정직하게 행동했고, 그 결과 그는 명예롭고 힘 있는 왕이 되었습니다.

웃시야는 하나님의 은혜로 강성한 통치자가 되었지만, 시간이 지나면서 오만해졌습니다. 웃시야는 자신에게 경고하는 제사장들에게 화를 내며 자신이 직접 분향하려 했습니다. 그 순간, 주님이 그를 한센병으로 치셨고, 그는 죽는 날까지 이 병을 앓았습니다. 웃시야는 총 52년간 통치했습니다.

연 대 표

이사야가 하나님과 만나다
ISAIAH'S ENCOUNTER WITH GOD
이사야가 하나님을 만나 영원히 변화되다.

이사야의 예언
ISAIAH'S PROPHECY
이사야가 고난받는 종에 대해 예언하다.

유다를 구원하시는 하나님
GOD RESCUES JUDAH
하나님이 아시리아 군대로부터 유다를 구원하시다.

호세아와 고멜
HOSEA AND GOMER
하나님이 불신실한 백성을 신실하게 붙드시다.

요나
JONAH
하나님은 사람들이 구원의 기쁜 소식을 들을 수 있도록 노력하신다.

요엘
JOEL
요엘이 여호와의 날에 관해 경고하다.

우리는 이사야가 웃시야의 통치를 기록했음을 역대하 26장에서 읽을 수 있습니다. 이사야는 왕의 죽음에 크게 영향을 받았을 것입니다. 이러한 맥락에서, 그가 환상을 본 날에 일어난 사건에 대한 증언을 살펴봅시다.

¹웃시야왕이 죽던 해에 내가 본즉 주께서 높이 들린 보좌에 앉으셨는데 그의 옷자락은 성전에 가득하였고 ²스랍들이 모시고 섰는데 각기 여섯 날개가 있어 그 둘로는 자기의 얼굴을 가리었고 그 둘로는 자기의 발을 가리었고 그 둘로는 날며 ³서로 불러 이르되 거룩하다 거룩하다 거룩하다 만군의 여호와여 그의 영광이 온 땅에 충만하도다 하더라 ⁴이같이 화답하는 자의 소리로 말미암아 문지방의 터가 요동하며 성전에 연기가 충만한지라(사 6:1~4)

몇 분 동안 시간을 내어, 이사야가 본 환상을 그가 묘사한 것과 다른 말로 적어 보세요. 이것이 전달하는 것은 무엇이며, 어떤 분위기를 만들고 있나요?

이사야가 이야기한 바에 따르면, 주님은 모든 왕 위에 존귀하신 분입니다. 하나님이 '높이 들린 보좌'에 앉아 계시기에 드러나는 진리입니다. 하나님의 임재는 지상의 어떤 통치자의 임재보다 뛰어납니다. 주님의 장엄한 옷자락이 성전 전체에 가득하고, 그분의 영광이 온 땅에 충만하기 때문입니다.

이사야에게 나타내신 하나님의 자기 계시가 경외감과 놀라움을 일으켰다는 점에는 의심의 여지가 없습니다. 하지만 하나님의 궁극적인 위대함과 권능을 알지 못하는 문화 속에 살기에 우리가 이사야의 환상에 그렇게 깊이 영향받지 못하는 것은 아닌지 의심스럽습니다.

우리는 빛 공해로 말미암아 하늘에 펼쳐진 하나님의 영광을 제대로 보지 못하는 문화 속에 살고 있습니다. 인간이 만들어 내는 소음과 분주함이 하나님 임재의 영광을 가립니다. 친밀한 관계가 왜곡되면서 하나님과의 참된 친밀함도 달라져 버렸습니다. 영화, 텔레비전, 게임의 폭력성에 매일 노출되고, 아직 태어나지 않은 생명을 죽임으로써 생명에 관한 경외감을 잃고 있습니다. 그러니 사람들이 하나님으로부터 멀어지는 것은 놀라운 일이 아닙니다. 사람들의 영적 감수성이 둔감해졌기 때문입니다. 우리는 삶의 모든 측면에 영향을 끼치시는 하나님의 위엄을 못 보고 맙니다.

하나님의 거룩함의 매력적인 아름다움을 보지 못할 때, 우리는 육체로는 존재하지만 영으로는 반쯤 죽은 사람이 됩니다. 생명을 주는 분을 거부하고, 하나님이 자신을 분명하게 계시하셨던 방식대로 하나님을 보고 경험하기를 거절합니다. 차라리 땅 위를 배회하면서 소비하고 소비하며 우리의 삶이 지닌 죽음의 속성을 더 많이 견디고자 애쓰고 있습니다.

주님, 나는 죄인입니다

이사야는 하나님의 거룩함이 얼마나 놀라운 것인지를 인식하게 되자마자 자신과 이스라엘에 관해 더 많이 알게 되었습니다. 요컨대, 하나님의 선이라는 영광스러운 기준에 비추어 자신과 이스라엘 백성을 보게 된 것입니다.

> 그때에 내가 말하되 화로다 나여 망하게 되었도다 나는 입술이 부정한 사람이요 나는 입술이 부정한 백성 중에 거주하면서 만군의 여호와이신 왕을 뵈었음이로다 하였더라(사 6:5)

이사야는 경외감과 공포로 가득 찼습니다. 하나님의 성결과 선함을 깨달으면서 선함이 결여되어 있는 자신을, 부정하고 죄로 가득 찬 자신을 보게 된 것입니다. 그보다 훨씬 더 중요한 것은, 하나님의 거룩함에 비추어 보니 자신은 망할 존재라는 사실을 깨달았다는 것입니다.

우리 문화에서 어떤 사람들은 '결백'(cleanness)을 규칙 준수와 혼동합니다. 이런 식으로, '경건한 삶'을 '자기 의를 위해 규칙을 지키는 것'으로 축소시킵니다. 또 어떤 사람들은 무엇이든지 허용함으로써 부정하지도 않고 악하지도 않다고 말합니다. 이사야의 환상은 도덕적 상대주의자뿐 아니라 자기 의를 위해 규칙을 지키는 자도 뒤흔듭니다. 만약 죄에 관한 적절한 시각이 없다면, 예수 그리스도 안에 있는 하나님의 용서와 은혜를 향한 본질적인 필요를 이해하지 못할 것입니다. 선함과 빛의 임재 안에서 자신의 부정을 깨닫는다면, 한시도 하나님께 부르짖지 않을 수가 없을 것입니다.

이사야의 환상은 우리에게 복음의 서막을 보여 줍니다. 우리는 하나님의

본문으로 더 깊이

하나님의 임재 가운데, 주님을 모시고 선 스랍들('불타는 듯한' 날개를 지닌 피조물)이 겸손하게 몸을 가리고, 하나님의 거룩하신 성품을 큰 소리로 외쳤습니다. '거룩하다'를 세 번 반복함으로써 하나님과 피조물 사이의 거대한 차이를 드러내고자 한 것입니다. '하나님의 거룩하심은 하나님이 모든 피조 세계와 구별되시고, 다르시며, 완전히 다른 존재이심을 계시합니다.' 이사야의 환상에서 경외감을 불러일으키는 장면에 더하여, 스랍들이 서로 따라 부르며 성전 터를 요동하게 했습니다.

영광스러운 본성에 대조되는 죄인으로서의 자신의 정체성을 깨달아야만 합니다. 그래야만 권세 있으신 생명의 주와 관계 맺게 하시는 하나님께 구속받을 수 있습니다.

내가 여기 있나이다, 나를 보내소서

지금까지 우리는 이사야의 환상이 주님의 영광과 거룩함을 어떻게 드러냈는지를 살펴봤습니다. 또한 그러한 순결함 앞에서 이사야가 자신을 얼마나 부적절하고 부정한 인간으로 느꼈는지를 봤습니다. 이제 하나님이 이사야의 죄 고백에 어떻게 반응하셨는지 살펴봅시다.

> [6]그때에 그 스랍 중의 하나가 부젓가락으로 제단에서 집은 바 핀 숯을 손에 가지고 내게로 날아와서 [7]그것을 내 입술에 대며 이르되 보라 이것이 네 입에 닿았으니 네 악이 제하여졌고 네 죄가 사하여졌느니라 하더라 [8]내가 또 주의 목소리를 들으니 주께서 이르시되 내가 누구를 보내며 누가 우리를 위하여 갈꼬 하시니 그때에 내가 이르되 내가 여기 있나이다 나를 보내소서 하였더니(사 6:6~8)

이사야가 환상으로 하나님을 본 사건 후 다음 장면에서, 주님의 천사가 제단에서 핀 숯을 가져왔습니다. 제단이 나타내는 바가 중요합니다. 땅에서는 사제들이 죄 사함을 위한 제물을 바쳤지만, 여기에서는 천상의 사자들이 죄의 제거를 위해 상징이 가득한 의식을 수행했습니다.

이사야가 하나님께 탄원하거나 간청하지 않았다는 점이 흥미롭습니다. 자비를 베풀어 주십사 애원하지도 않았습니다. 주님과 협상하려고도 하지 않았습니다. 오히려 그가 죄를 고백하자 하나님이 전적인 은혜로 속죄를 베풀어 주셨습니다. 숯에는 이사야의 마음속 죄성을 다룰 만한 주술적인 것이 아무것도 없었습니다. 숯은 하나님의 자비와 용서를 보여 주는 표지이며, 구속이라는 하나님의 좋은 선물을 보여 주는 표지입니다.

제사를 위한 핀 숯들과 제단의 이미지는 이사야에게 친숙했을 것입니다. 이사야의 죄에 진노하실 수 있는 하나님의 완전히 선하신 공의가 이로써 만족

되었습니다. 그리고 그 결과로 이사야는 죄의 결과, 즉 죽음을 당장 겪지 않아도 될 것입니다.

알짬 교리 **99**

거룩하신 하나님

하나님의 거룩하심이란 창조된 모든 피조물과 구분되는 하나님의 고유성을 가리킵니다. 히브리어로 '거룩하다'는 '분리하다' 혹은 '구별하다'라는 뜻입니다. 하나님의 거룩하심은 그분의 절대적인 순수성을 가리키기도 합니다. 하나님은 세상 악에 의해 더럽혀지지 않으십니다. 그분의 선하심은 완전하며, 우리가 성경에서 발견하는 도덕적 규범은 그분의 거룩하신 성품을 반영하고 있습니다. 인간은 하나님의 형상대로 거룩하게 살도록 부름받았습니다.

주님은 이사야를 파멸시킬 생각이 없으셨습니다. 오히려, 이사야를 구속하고, 그와 관계를 수립하고, 그가 다른 사람들을 섬기게 하고자 하셨습니다. 마지막 부분에서 주님은 이사야를 향한 그분의 뜻을 더 많이 계시하셨습니다. 주님은 이사야에게 그분의 거룩함과 영광을 환상으로 보여 주셨습니다. 이로써 이사야는 절망을 경험했고, 죄를 고백함으로써 하나님의 은혜와 자비의 용서를 받을 수 있었으며, 섬김의 기회를 얻었습니다. 이러한 경험으로 이사야는 하나님을 섬기는 데 최종적으로 자기 삶을 드릴 수 있었습니다.

그리스도와의 연결

우리는 하나님의 모든 속성에 드러나는 그분의 영광에 경외심을 가져야 합니다. 이것이 하나님의 거룩함을 환상으로 본 이사야의 경험에 대한 우리의 응답입니다. 하나님의 계시에 비추어 자신이 누구인지 알게 된다면 우리는 죄와 부정에서 돌이키게 됩니다. 그런데 감사하게도 우리가 섬기는 하나님은 자기 아들의 희생을 통해 우리를 회복하고 파송하시는 분입니다. 하나님의 거룩함과 사랑이 십자가에서 만납니다. 십자가에서 그리스도께서 우리를 위해 자기 생명을 내어놓으셨기 때문입니다.

이로 인해 현재 우리는 어떻습니까? 그리스도 안에서의 용서로 말미암아 우리는 두 손을 들고 "내가 여기 있나이다. 주여! 나를 보내소서"라고 말합니다. 우리는 하나님의 영광과 은혜에 대한 경외심과 경탄을 주변에 전하려고 합니다. 사람들이 스스로 망가뜨린 관점에 따라 주님의 아름다움과 선함과 권능을 거절할 위험성을 충분히 알면서도, 그렇게 합니다. 그러나 우리는 생명의 조물주께서 우리를 통해 그분의 빛을 비추실 것이고, 세상을 초월하신 절대적 선의 아름다움과 선함과 권능에 사로잡히게 다른 사람들을 구원으로 인도하시리라고 믿습니다.

YOUR STORY

하나님이 들려주시는 이야기는 오늘을 사는 나와 늘 연결되어 있습니다. 아래 질문에 답하면서 성경 이야기가 내 이야기와 어떻게 연결되는지 생각해 봅시다.

▶ 이사야처럼, 하나님의 아름다움과 선함과 권능을 반영하는 것을 목격한 적이 있나요? 그 경험을 통해 어떤 영향을 받았나요?

이 질문에 관한 대답은 다양할 것입니다.

▶ 왜 우리 문화에는 경외심과 경탄이 부족하다고 종종 생각하나요? 우리가 하나님의 영광과 은혜를 좀 더 잘 볼 수 있는 방법에는 무엇이 있을까요?

경외심이 부족한 이유 중 하나는 최신 장비, 게임, 소셜 미디어 등을 과도하게 즐기면서 다른 것에 관심을 돌리지 못하기 때문입니다. 이 문제를 해결하는 한 가지 방법은 우리를 산만하게 만드는 것들을 내려놓고, 예수님을 바라보는 것입니다. 즉 하나님의 말씀 안으로 들어가고, 다른 사람들과 성경 공동체 안에서 살며, 기도하면서 귀한 시간을 보내는 등의 활동을 하는 것입니다.

▶ 이사야가 그랬던 것처럼, 우리 자신의 많은 죄를 인식할 뿐만 아니라 하나님 앞에서 그 죄를 고백하고 인정하는 것이 왜 중요할까요?

죄의 고백에는 두 가지 중요한 의미가 있습니다. 첫째, 하나님 앞에서 죄성과 죄책을 인정하는 것입니다. 둘째, 심판받아 마땅한 죄임을 인정하는 것입니다. 궁극적으로 고백은 겸손과 의존의 행동입니다. 이를 통해 우리는 하나님께 용서와 은혜를 달라고 부르짖으면서 우리 자신이 전적으로 하나님의 자비 안에 있음을 발견하게 됩니다.

▶ 이사야는 하나님을 만나고 인생이 완전히 달라졌습니다. 하나님과의 만남이나, 하나님과의 관계로 인해 변화를 경험한 적이 있다면 나누어 보세요.

이 질문에 관한 대답은 다양할 것입니다.

하나님의 이야기
하나님이 그분의 아들
예수 그리스도를 통해
우리를 구속해 주신 이야기

우리의 이야기
우리의 이야기가
하나님의 이야기와
만나는 곳

YOUR MISSION

 **생 각**

죽음이 죄의 마땅한 결과라는 것을 성경 전체에서 분명하게 볼 수 있는데, 특히 바울의 편지에서 가장 명확하게 드러납니다(롬 6:23). 이사야도 이것을 충분히 깨달았습니다. 사실, 그는 하나님의 선함과 거룩함에 비추어 자기 죄의 깊이를 깨달은 후에 죽게 되었다고 확신했습니다. 이는 충격적인 깨달음이지만, 오히려 하나님께 부르짖어 죄를 고백할 기회가 되기도 했습니다.

- **왜 대부분의 사람들은 죄가 마땅히 죽음을 받을 만하다고 생각하지 않을까요?**
  주된 이유는, 죄가 무엇인지 제대로 알지 못하고, 죄로 인해 마음이 상하시는 하나님을 진심으로 이해하지 못하기 때문입니다.

- **이사야는 죄가 거룩하신 하나님의 마음을 무한히 상하게 한다는 점을 보았습니다. 그 결과, 그는 자신이 망하게 되었다고 느꼈습니다. 하나님을 잘 아는 것은 자기 죄를 올바로 보는 데 어떻게 기여합니까?**
  하나님을 올바로 보면, 그분의 거룩함과 완전함을 볼 수 있을 뿐만 아니라 자신이 그 완전하신 기준에 얼마나 부족한지를 볼 수 있습니다.

 **마 음**

이사야가 깨달은 부정함은 주로 외면이 아닌 내면, 즉 성품과 관련이 있습니다. "입에서 나오는 것들은 마음에서 나오나니 이것이야말로 사람을 더럽게 하느니라"(마 15:18~20)라는 예수님의 가르침을 이사야가 똑같이 표현했습니다. 이사야는 규칙이라는 긴 목록을 잊어서가 아니라, 그의 마음이 하나님의 선함에서 너무나 멀어졌기 때문에 죽게 되었다고 생각했습니다.

- **도덕 규칙을 지키는 것과 그리스도의 성품을 닮아 가는 것 사이에는 어떤 차이점이 있습니까?**
  전자는 자기 노력을 통해 하나님께 호의를 얻고자 시도하는 것입니다. 후자는 하나님이 사람의 마음속에서 일으키시는 변화를 통해서만 삶의 실제적인 변화가 일어날 수 있음을 인정하는 것입니다.

- **어떻게 하면 하나님의 마음을 닮아 가도록 더욱 유념하며 살아갈 수 있을까요?**
  이 질문에 관한 대답은 다양할 것입니다.

 **행 동**

"내가 여기 있나이다 나를 보내소서"라는 이사야의 응답을 교회에서 자주 들었을 것입니다. 그런데 우리는 이보다 먼저 그가 살아 계신 주님을 만나는 놀라운 경험을 했음을 봅니다. 이런 경험을 해야만 사명을 받을 수 있다는 뜻은 아닙니다. 그러나 하나님과 교제하려 하고 진정으로 그분을 알 때, 믿음에 관해 나누는 다른 사람과의 대화에 더 열정적으로 참여하게 됩니다.

다음 모임까지
삼하 16~18장; 시 26편;
40~41편; 58편;
61~62편; 64편을
읽어 보세요.

- **왜 용서를 받으면 하나님의 말씀을 전하는 데 힘이 되고 동기가 부여될까요?**
  자신의 죄를 깨닫고 죄 용서에 드는 대가를 진심으로 이해한다면, 자연스러운 반응으로 다른 사람들에게 복음을 전하게 될 것입니다.

- **그러한 경험이 있다면 나눠 봅시다.**
  이 질문에 관한 대답은 다양할 것입니다.

이사야,
고난의 종이 보이느냐

요 약

이사야는 그리스도께서 태어나시기 수백 년 전에 이미 신비로운 종에 관해 예언했습니다. 그분은 자신의 고난을 통해 구원을 가져오실 것이나 사람들에게 버림받고 멸시받으실 것입니다. 초기 그리스도인들은 이 예언이 예수님과 그분의 삶과 사역에 관한 것이라고 믿었습니다. 예수님의 섬김과 고난의 수혜자인 우리는 다른 사람을 위해 고난받고 섬기는 삶을 받아들여야 합니다.

성 경

이사야 52장 13절 ~ 53장 12절

HIS STORY

포 인 트 구원은 하나님이 택하신 종의 고난을 통해 온다.

등 장 인 물 삼위일체 하나님(성부, 성자, 성령)
이사야(오실 메시아에 관한 예언으로 가장 잘 알려진 선지자)
고난받는 종(예수님의 별칭, 예언을 성취하느라 고난당하심)

메시지 좌표 선지자 이사야의 삶과 사역을 살펴보면서, 우리는 그가 성전에서 하나님과 인격적인 만남, 즉 그의 삶을 영원히 변화시킬 만남을 가졌을 뿐만 아니라 앞으로 오실 메시아가 어떤 분이실지에 관해 어렴풋이나마 알게 되는 특권을 누린 것을 봤습니다. 이사야는 메시아가 왕의 특성뿐 아니라 고난받는 종의 특성도 지닐 것을 놀랍도록 상세하게 예언했습니다.

도 입 5-10분

8,848m의 에베레스트 산이 지구에서 가장 높은 산이라는 데는 이견이 없습니다. 해수면 위로 8.8km나 솟아 있으니 말입니다. 이 웅장한 산 정상에 오른 등반가들은 한 발은 중국에, 다른 한 발은 티베트에 두고 서서 마치 자신이 세계 꼭대기에 서 있는 것처럼 느낍니다. 그러나 바람이 시속 321.9km 이상인데다 기온이 영하 60도나 되기 때문에 에베레스트 정상이 지닌 최고의 아름다움을 엿볼 수는 있어도 오래 서 있을 수는 없습니다. 그야말로 동양의 이 장엄한 보물이 가진 진가를 제대로 본 이가 없다는 뜻이기도 합니다.

구약의 구절들을 오르고 오르면, 이사야 53장이 영적인 '에베레스트 산'처럼 서 있습니다. 그리스도의 영광과 영원한 구원의 소망을 가리키면서 말입니다. 이 산을 여행하면, 모두가 인정하지만 아무도 낱낱이 알 수 없는 예언적 그림과 마주하게 됩니다. 예수님이 골고다언덕에서 죽으시기 700년 전에 기록되었음에도 불구하고, 독자를 십자가 아래에 거하게 하며 독자에게 대속적 속죄의 진리를 보여 줌으로써 복음에 관해 상세하게 설명해 줍니다.

▶ 지금까지 가 본 산 중에 가장 높은 산은 어디입니까? 그때 기억이 어떻습니까?

고난받는 종이 오실 것이다

모든 세대의 학자가 이사야 53장의 아름다움을 찬양했고, 그 정확성에 경탄했습니다. 이사야 53장은 특히 하나님의 종 메시아를 이해하도록 도와 줍니다.

이 사건에 관해 말할 때 이사야는, 아직 발생하지 않은 사건임에도, 메시아의 고난에 대한 확실성을 전달하기 위해 과거시제를 사용하는 기법을 썼습니다. 예수님이 십자가에서 고통당하시는 것들을 열거하기 전에, 첫째 연은 그분의 최종적인 승리와 십자가 처형의 잔혹함을 대조시키고 있습니다. 이 구절의 고통이 너무도 끔찍해서 이사야는 이야기의 결말이 어떻게 되는지 먼저 알게 하기를 원한 것입니다.

[13]보라 내 종이 형통하리니 받들어 높이 들려서 지극히 존귀하게 되리라 [14]전에는 그의 모양이 타인보다 상하였고 그의 모습이 사람들보다 상하였으므로 많은 사람이 그에 대하여 놀랐거니와 [15]그가 나라들을 놀라게 할 것이며 왕들은 그로 말미암아 그들의 입을 봉하리니 이는 그들이 아직 그들에게 전파되지 아니한 것을 볼 것이요 아직 듣지 못한 것을 깨달을 것임이라 (사 52:13~15)

오늘날 우리는 이사야 53장이 궁극적으로 예수 그리스도를 가리키고 있음을 압니다. 그러나 옛 독자들은 이 신비스러운 '종'을 하나님의 택하신 백성, 즉 이스라엘과 동일시했을 것입니다 (사 41:8). 하지만 계속 읽어 나갈수록 신비로움이 더해지고, 이 특별한 예언이 이스라엘만 의미하는 것이 아님을 깨닫기 시작합니다. 왜냐하면 이사야는 하나님의 백성을 대신하여 죽을 누군가를 종으로 묘사하고 있기 때문입니다.

[1]우리가 전한 것을 누가 믿었느냐 여호와의 팔이 누구에게 나타났느냐 [2]그는 주 앞에서 자라나기를 연한 순 같고 마른 땅에서 나온 뿌리 같아서 고운 모양도 없고 풍채도 없은즉 우리가 보기에 흠모할 만한 아름다운 것이 없도다 [3]그는 멸시를 받아 사람들에게 버림받았으며 간고를 많이 겪었으며 질고를 아는 자라 마치 사람들이 그에게서 얼굴을 가리는 것 같이 멸시를 당하였고 우리도 그를 귀히 여기지 아니하였도다 (사 53:1~3)

예수님 시대의 유대인들은 대적을 정복하는 권세를 지닌 왕으로서의 메시아를 고대했습니다. 그러나 이사야는 사람들의 눈을 사로잡을 '고운 모양'이나 '풍채'도 없이, '멸시'와 '버림'을 받을 종에 관해 예고했습니다.

알짬 교리 99

대속 제물이신 그리스도

속죄의 중심은 십자가에서 죽으심으로써 친히 죄인들을 대신하신 '예수 그리스도'이십니다. 이 진리는 무죄한 희생을 통한 죄의 덮음과 죄책감을 제거받아야 하는 인간의 필요성이라는 구약의 희생 시스템을 배경으로 합니다. 하나님의 뜻을 완전하게 계시하시고 행하신 예수님은 인간의 본성을 입으셨고, 그 본성의 요구와 필요들을 짊어짐으로써 자신을 인류와 완전히 동일시하셨지만, 죄는 없으셨습니다. 예수님은 순종을 통해 하나님의 율법을 존중하셨으며, 십자가에서의 대속적 죽음을 통해 인류를 죄에서 구원해 주셨습니다.

고난받는 종이 대속하실 것이다

다음으로, 이사야는 예수님이 사람들에게 매력적으로 보일 수 없었던 이유를 알려 줍니다. 하나님의 종은 우리의 변화되어야 할 모든 것을 감당해야 하므로, 우리의 추악한 삶의 직접적인 결과로 아름다워 보일 수 없었습니다. 이사야는 십자가 사건이 일어나기도 전에 그것을 아주 정확하게 묘사합니다. 하나님의 종은 우리를 위해 고난받는 대속자가 되셨습니다.

> [4]그는 실로 우리의 질고를 지고 우리의 슬픔을 당하였거늘 우리는 생각하기를 그는 징벌을 받아 하나님께 맞으며 고난을 당한다 하였노라 [5]그가 찔림은 우리의 허물 때문이요 그가 상함은 우리의 죄악 때문이라 그가 징계를 받으므로 우리는 평화를 누리고 그가 채찍에 맞으므로 우리는 나음을 받았도다 [6]우리는 다 양 같아서 그릇 행하여 각기 제 길로 갔거늘 여호와께서는 우리 모두의 죄악을 그에게 담당시키셨도다 [7]그가 곤욕을 당하여 괴로울 때에도 그의 입을 열지 아니하였음이여 마치 도수장으로 끌려가는 어린 양과 털 깎는 자 앞에서 잠잠한 양 같이 그의 입을 열지 아니하였도다 [8]그는 곤욕과 심문을 당하고 끌려 갔으나 그 세대 중에 누가 생각하기를 그가 살아 있는 자들의 땅에서 끊어짐은 마땅히 형벌 받을 내 백성의 허물 때문이라 하였으리요 [9]그는 강포를 행하지 아니하였고 그의 입에 거짓이 없었으나 그의 무덤이 악인들과 함께 있었으며 그가 죽은 후에 부자와 함께 있었도다(사 53:4~9)

모든 사람을 위한 종의 대속을 강조하고자 이사야는 '우리의,' '우리는,' '우리'와 같은 단어를 반복해서 사용했습니다. 이를 통해, 이사야는 우리가 종의 사역으로 수혜를 입었으며, 우리 역시 이 범죄에 관해 죄가 있음을 알리고자 합니다.

대속물이 왜 필요합니까? 아담과 하와가 죄를 짓기로 선택하자 인류가 죄의 저주로 비틀거리게 되었습니다(롬 5:12~14). 결과적으로 죽을 운명이 되었는데, 우리가 구원받을 수 있는 유일한 소망은 우리에게 내려진 사형 선고가 철회되는 것입니다. 그런데 예수님이 십자가에서 죽으시며 우리 죗값을 갚아 주셨습니다. 하나님은 우리의 죄 문제를 무시하거나 그분의 거룩함을 부인하지 않으셨습니다. 우리의 죄를 완전히 없애기 위해, 우리에게 내려진 형벌의 짐을 자기 아들에게 지우기로 선택하셨습니다.

이렇게 하여 예수님은 저주의 결과인 우리의 질고와 고통을 지셨습니다 (사 53:4). 성부 하나님은 우리가 평화를 누릴 수 있도록 우리 범죄와 죄악 때문에 그분이 찔리고 상하게 하셨습니다(사 53:5). 모든 사람이 다 양 같아서 그릇 행하여 죽을 수밖에 없지만(사 53:6; 롬 3:23), 성부 하나님은 우리 악함의 짐을 그리스도에게 지우셨습니다. 예수님은 우리를 대신해 죄가 되실 뿐만 아니라 죄의 결과까지도 대면하셨습니다(고후 5:21). 죄의 삯은 사망이기에 그분은 살아 있는 자들의 땅에서 끊어지셨습니다(사 53:8; 롬 6:23).

고난받는 종이 승리하실 것이다

서두에서 예고한 대로, 이사야는 우리를 위한 종의 사역을 존귀와 이로 인한 승리라고 묘사하며 마무리합니다.

[10]여호와께서 그에게 상함을 받게 하시기를 원하사 질고를 당하게 하셨은즉 그의 영혼을 속건제물로 드리기에 이르면 그가 씨를 보게 되며 그의 날은 길 것이요 또 그의 손으로 여호와께서 기뻐하시는 뜻을 성취하리로다 [11]그가 자기 영혼의 수고한 것을 보고 만족하게 여길 것이라 나의 의로운 종이 자기 지식으로 많은 사람을 의롭게 하며 또 그들의 죄악을 친히 담당하리로다 [12]그러므로 내가 그에게 존귀한 자와 함께 몫을 받게 하며 강한 자와 함께 탈취한 것을 나누게 하리니 이는 그가 자기 영혼을 버려 사망에 이르게 하며 범죄자 중 하나로 헤아림을 받았음이라 그러나 그가 많은 사람의 죄를 담당하며 범죄자를 위하여 기도하였느니라(사 53:10~12)

메시아에게 가해진 이런 잔혹 행위를 우발적인 일로 잘못 여기지 못하도록, 하나님은 전 과정을 직접 지휘하셨을 뿐만 아니라 그렇게 하기를 기뻐하셨음을 배우게 됩니다. 예수님이 기꺼이 대속하심으로써 생겨나는 더 큰 선이 그분이 겪은 수난의 극심한 고통을 훨씬 능가했습니다. 죄와 사망을 이기심으로써 예수님은 모든 이름 위에 뛰어난 이름으로 온 땅 위에 높임을 받으십니다(빌 2:9~11). 예수님이 합당한 영광을 분명히 얻으셨던 것 외에도 우리는 아무런 자격도 되지 않는데 속죄와 용서를 받습니다. 예수님이 기꺼이 우리 죄를 위한 제물이 되셨으므로(요 10:17~18), 성부 하나님이 이사야 53장 10절에서처럼 예수님께 보상해 주십니다.

자신을 십자가 사역에 대한 보상으로 그리스도께 속한 존재라고 생각해 본 적이 있나요? 이런 생각은 그리스도를 위해 살고자 하는 열망에 어떤 영향을 미칠까요?

그리스도와의 연결

비록 신약성경에서 예수님을 따르는 사람들이 하나님의 아들이 이런 식으로 고난당하셔야 한다는 사실을 처음에는 믿지 못했지만(막 8:31~34), 예수님의 죽음과 부활 후에는 이 노래가 참으로 누구를 가리키는지 깨달았습니다. 복음서 이야기들과 이 구절들 사이에 있는 분명한 병행들 외에도, 신약의 여섯 명의 서로 다른 저자들이 여덟 군데에서 예수님께 적용하고 있습니다(마 8:17; 막 15:28; 눅 22:37; 요 12:38; 행 8:32~35; 롬 10:16; 15:21; 벧전 2:22~24).

예수님의 대속으로 우리는 어떤 유익을 얻게 될까요? 다음 두 구절은 예수님이 우리 대속자가 되신 것의 기념비적인 영향력을 증명합니다. 첫 번째 구절은 "그가 징계를 받으므로 우리는 평화를 누리고"입니다. 이 구절은 예수님의 희생으로 우리가 하나님과의 평화를 회복하게 되었고, 그로 인해 그분과의 관계가 가능하게 되었음을 말해 줍니다.

두 번째 구절은 "그가 채찍에 맞으므로 우리가 나음을 받았도다"입니다. '나음'은 일반적으로 신체적 회복을 의미하지만, 여기서는 영적인 회복과 건강의 의미로 쓰였습니다. 예수님은 지상 사역을 통해 타락의 증상(질병, 고통, 죽음)을 종종 경감시켜 주셨습니다. 그리고 십자가에서 대속하심으로써 우리의 가장 큰 문제의 근원을 제거해 주셨습니다. 이사야 53장의 초점은 일시적인 나음이 아니라, 그리스도의 대속의 결과로 우리가 얻게 되는 최종 승리에 있습니다. 반역의 질병에서 완전히 낫게 되면, 하나님과의 평화를 경험하게 될 것입니다.

예수님이 죄를 제거하기 위해 우리를 대신하시기 때문에, 우리가 자유롭게 그분을 대신할 수 있고 우리 자신의 것이 아닌 의의 평화를 누릴 수 있습니다. 예수님은 우리의 죗값을 제거하셨을 뿐만 아니라 그분의 무죄함을 우리에게 주셨습니다. 대속자이신 예수님이 우리의 죄들을 제거하시고 그분의 의를 우리에게 주시기 때문에 우리의 구원이 가능합니다.

YOUR STORY

하나님이 들려주시는 이야기는 오늘을 사는 나와 늘 연결되어 있습니다. 아래 질문에 답하면서 성경 이야기가 내 이야기와 어떻게 연결되는지 생각해 봅시다.

▶ 그리스도께서 태어나기 수백 년 전에 이사야의 예언이 쓰였다는 사실이 성경의 신뢰성에 믿음을 더해 주나요?

성경의 저작성, 신뢰성을 의심하는 사람들에게 이처럼 성취된 예언들은 성경이 하나님의 감동으로 쓰인 말씀이라는 점을 확신하게 하는 놀라운 증거가 될 수 있습니다.

▶ 우리는 어떤 면에서 길 잃은 양과 같습니까?

이 질문에 관한 대답은 다양할 것입니다.

▶ 누군가가 당신에게 "죄를 대속해 주실 분이 왜 필요합니까?"라고 묻는다면 어떻게 대답하겠습니까?

이 질문에 관한 대답은 다양할 것입니다.

▶ 이번 과에서 자기 백성을 구하시려는 하나님의 바람에 관해 새롭게 배운 점은 무엇인가요?

다양한 대답이 있겠지만, 삼위일체의 세 위격, 즉 성부, 성자, 성령에 비추어 이 질문을 생각하는 것이 학생들에게 도움이 됩니다. 본문에서 보는 바와 같이 구속에서 세 위격이 모두 자기 역할을 담당합니다.

하나님의 이야기
하나님이 그분의 아들
예수 그리스도를 통해
우리를 구속해 주신 이야기

우리의 이야기
우리의 이야기가
하나님의 이야기와
만나는 곳

YOUR MISSION

생 각

대단한 사람이 구원자이기를 갈망하는 대중에게, 보잘것없어 보이는 구원자는 전혀 매력적이지 않습니다. 만약 예수님이 '더 나은 삶을 위한 입장권'이 아니라면, 대부분의 사람은 그분을 따르는 데에 아무런 가치를 발견하지 못할 것입니다. 그러나 아무도, 특히 하나님도 자발적으로 겸손하지 않을 것이라고 한다면 이는 잘못된 가정입니다. 그리스도의 최종 존귀는 유대인이든 이방인이든 불신자를 떠날 것인데, 그들은 진리이신 예수님을 그분에 대한 이전의 관념에 비추어 생각할 때 충격에 빠질 것입니다.

- **오늘날 사람들은 예수님을 더 매력적인 존재로 보이기 위해 어떻게 포장합니까?**
  예를 들면, 사람들은 예수님을 단지 이웃 사랑의 메시지를 주는 도덕적인 교사로 만듭니다. 이웃 사랑은 분명 예수님의 메시지의 일부이긴 하지만, 우리는 그 말씀을 우리처럼 아무 자격 없는 반역자들에게 주시는 하나님의 은혜에 비추어 이해해야 합니다.

- **이러한 '포장'은 우리가 예수님의 사역을 이해하는 데 어떤 영향을 미칩니까?**
  예수님이 대속적인 죽음을 통해 죄인을 구속하기 위해 오셨다는 사실을 놓치면 결국 잃어버린 자들, 곧 우리를 찾고 구원하기 위해 오신 것에 대해 제대로 보지 못하게 됩니다.

마 음

구원에 이를 수 없다고 두려워하거나 의심하는 사람은 예수님의 십자가 사역이 모든 사람을 향한 그분의 사랑의 표현이라는 사실에 안심할 수 있어야 합니다(롬 5:8). 주님의 손길은 어떤 죄인에게도 미치지 못함이 없으며(사 59:1), 구원자의 손에 있는 성도를 그 누구도 빼앗을 수 없습니다(요 10:28).

- **고난받는 종이 그분의 백성을 위해 중보하심을 아는 것은 어떤 격려를 주나요?**
  이 질문에 관한 대답은 다양할 것입니다.

- **이 과는 믿음을, 특히 구원을 의심하는 마음을 어떻게 격려할 수 있을까요?**
  이 질문에 관한 대답은 다양할 것입니다.

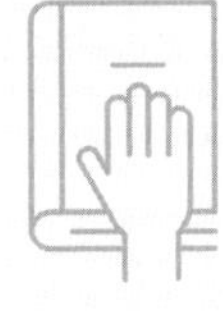

행 동

자기 아들을 고난받는 종으로 내어 주신 하나님의 사랑에 우리는 어떻게 응답해야 할까요? 그 희생을 생각한다면 어떻게 살아야 할까요? 그 값비싼 희생을 허비해서는 안 됩니다. 기독교는 한 번의 결정 그 이상의 것입니다. 그러고 나서 하나님에게서 독립하여 살겠다고 선택하니 말입니다. 그리스도의 죽음을 받아들이면, 또한 그분의 생명에도 굴복해야 합니다(갈 2:20). 예수님이 모든 일에서 하나님 아버지께 순종하고자 하셨듯이, 우리도 복음을 전하면서 그분이 우리를 통해 사시도록 우리 자신도 죽어야 합니다.

- **하나님이 그분의 아들의 대속으로 사랑을 나타내신 사실로 어떤 영향을 받았나요?**
  우리는 아무 자격이 없는 자에게 주시는 하나님의 사랑과 구원에 감사하며, 매일의 행동과 타인과의 관계에서 그리스도를 더 많이 닮아 가야 합니다.

- **우리를 위해 고난의 종이 죽으신 것에 대한 응답으로, 우리 삶에서 '죽고' 하나님께 복종해야 할 필요가 있는 것들은 무엇인가요?**
  이 질문에 관한 대답은 다양할 것입니다.

다음 모임까지
삼하 19~23장; 시 5편;
38편; 42편; 57편을
읽어 보세요.

히스기야,
네가 믿느냐

요약

이 과에서 우리는 하나님의 영광이 그분을 따르는 사람들에게 개인적으로 유익한지를 배우게 될 것입니다. 하나님의 영광을 이해하면, 그분의 약속을 확신 가운데 받아들일 수 있게 됩니다. 하나님의 위대하심을 드러내는 것과 그분의 사랑 안에 거하는 것은 결코 분리될 수 없습니다. 히스기야왕 시대에 유다에 가해진 아시리아(앗수르)의 몰인정한 위협에 관한 이야기는 하나님이 자기 이름의 영광과 우리의 유익을 위해 우리를 구원해 주심을 보여 줍니다. 그러니 이제 우리는 다른 사람들도 주님의 은혜 가운데 안식할 수 있도록 하나님의 영광을 널리 알려야 합니다.

성경

열왕기하 19장 8~20절, 32~37절

HIS STORY

포 인 트	하나님은 자기 이름의 영광과 우리의 유익을 위해 우리를 구원하신다.
등 장 인 물	삼위일체 하나님(성부, 성자, 성령) 히스기야(유다의 왕)
메시지 좌표	계속되는 여정 가운데, 이제 히스기야의 이야기와 이스라엘이 아시리아(앗수르) 군대로부터 겪었던 외적 위협에 관해 살펴볼 것입니다. 이스라엘의 많은 왕이 여호와 보시기에 악을 행하는 중에, 히스기야는 하나님이 자기 백성을 보호하실 능력이 있으심을 확신했습니다. 히스기야는 하나님께 그들을 위해서 뿐 아니라, 하나님의 이름과 명성을 위해서도 그들을 구원해 주실 것을 요청했습니다.

도입

이름은 우리에게 많은 것을 알려 줍니다. 이름을 들으면 그와 관련된 이미지가 떠오르기 마련입니다. 좋은 이미지든 나쁜 이미지든 말입니다. "A Boy Named Sue"(수라는 이름의 소년)라는 노래는 이름과 정체성이 불일치할 때 생길 수 있는 불편함을 익살스럽게 들려줍니다. 아마도 이런 이유로 부모가 아기에게 딱 맞는 이름을 지어 주려고 고심하나 봅니다. 때로는 특유한 행동 때문에 별명이 붙기도 합니다. 좋은 애칭으로 불리면 기쁠 테지만, 그렇지 않다면 기분이 나쁠 것이고, 어떤 별명은 영예의 훈장이 되기도 합니다.

교회에서도 의심하는 도마보다는 바나바로 불리기를 선호합니다. 바울은 멘토 같은 사람이라는 뜻이지만, 디모데는 아직 배우는 사람이라는 느낌입니다. 이름은 그 사람에 관한 인상을 전달해 주는 바로 그 이유 때문에 강력한 힘을 발휘합니다.

하나님이 자기 이름에 관해 분명한 의도를 가지고 계신 것도 바로 이 때문인 것 같습니다. 하나님의 이름은 다양한 사람들에게 각기 다른 의미로 통합니다. 그러나 올바로 이해되기만 한다면, 하나님의 이름은 그분을 경배해야 할 수많은 이유를 드러냅니다. 우리는 하나님의 이름에 따르는 모든 것을 이해할 수 있는 은혜를 입었을 뿐만 아니라 다른 사람들에게 그 이름을 알려야 할 은혜도 입었습니다.

▶ '하나님', '예수님'을 들으면 가장 먼저 무슨 생각이 떠오릅니까? 하나님이 어떤 분이신지를 아는 것은 삶의 방식에 어떤 영향을 미칩니까?

아시리아를 이긴 신이 없다는 것을 모르느냐?

우리는 타락한 세상에서 살기에 고통과 고난을 자주 마주합니다. 설상가상으로, 하나님이 우리를 에워싼 재난에서 구하여 평화와 안도감을 주시려 하는데도, 오늘날 대부분의 사람들은 하나님을 거부합니다. 우리가 하나님께 더 가까이 나아가고 그분과 동행하려 하면 할수록, 세상은 우리를 더 많이 소외시키는 것 같습니다.

히스기야의 통치 시절에 유다가 겪은 이야기는, 오늘날 세상이 일어나 하나님의 백성을 대적할 때 우리가 올바로 반응하도록 도와줍니다.

⁸랍사게가 돌아가다가 앗수르왕이 이미 라기스에서 떠났다 함을 듣고 립나로 가서 앗수르왕을 만났으니 왕이 거기서 립나와 싸우는 중이더라 ⁹앗수르왕은 구스왕 디르하가가 당신과 싸우고자 나왔다 함을 듣고 다시 히스기야에게 사자를 보내며 이르되 ¹⁰너희는 유다의 왕 히스기야에게 이같이 말하여 이르기를 네가 믿는 네 하나님이 예루살렘을 앗수르왕의 손에 넘기지 아니하겠다 하는 말에 속지 말라 ¹¹앗수르의 여러 왕이 여러 나라에 행한 바 진멸한 일을 네가 들었나니 네가 어찌 구원을 얻겠느냐 ¹²내 조상들이 멸하신 여러 민족 곧 고산과 하란과 레셉과 들라살에 있는 에덴 족속을 그 나라들의 신들이 건졌느냐 ¹³하맛왕과 아르밧왕과 스발와임 성의 왕과 헤나와 아와의 왕들이 다 어디 있느냐 하라 하니라(왕하 19:8~13)

왜 세상에서 하나님의 자녀로서 행하며 살아가는 것이 어려울까요? 왜 지상의 왕국들이 하나님의 백성에게 맞서 일어날까요? 우리는 두 가지 사실을 명심해야 합니다.

첫째, 사탄의 힘은 이 세상에 속해 있습니다. 에덴동산 이후로 여자의 후손과 뱀의 후손 사이에 전쟁이 치러지고 있습니다(창 3:15). 세상이 죄에 굴복되었기 때문에, 사탄은 일시적으로 "이 세상의 신"(고후 4:4)과 "공중의 권세 잡은 자"(엡 2:2)의 역할을 합니다. 그 결과, 세상은 잠시이긴 하지만 마귀가 큰 힘을 행사하는 영역입니다(요일 5:18). 아담이 동산에서 잃어버린 것을 그리스도께서 새 하늘과 새 땅을 통해 다시 세우기 위해 오셨다고 하더라도, 지금은 사탄이 주로 하나님의 백성을 대적하면서 계속 세상을 파괴하고 있습니다.

둘째, 세상에서 악의 배경을 보는 것은 우리가 직면하는 모든 어려움과 고통이 반드시 자기 때문만은 아닌 것을 이해하는 데 도움이 됩니다. 그렇다 하더라도, 사탄은 우는 사자같이 두루 다니며 삼킬 자를 찾습니다(벧전 5:8). 사탄은 하나님의 백성을 참소하기 열망하는, 옛적 뱀입니다(계 12:10). 그러나 또한 사탄의 공격들은 대부분 여기에서 초래된 고난의 영향을 받는 개개인에 관한 것이 아니라, 그보다 훨씬 더 큰 전쟁의 일부분입니다.

아시리아가 히스기야와 남유다 왕국을 대적하러 왔을 때, 그들의 일차 목표는 "네가 믿는 네 하나님"(왕하 19:10)이었습니다. 아시리아 사람들은 자신들에게 멸망된 민족들과 그 민족들의 거짓 신들을 열거했는데, 여호와를 그 거짓 신들과 같은 범주에 넣음으로써 주님의 이름을 무시하는 사탄의 도구로 쓰였습니다. 이들 대변인들을 통해 사탄은 하나님이 자기 백성을 구원하실 수 있다는 생각을 조롱했습니다(왕하 18:22~24). 그들은 히스기야가 여호와를 유일하신 참 하나님으로 예배하는 것을 회복하고자 노력한 탓에 주변 나라 이교도의 신들이 공격을 승인하고 실행했다고까지 말했습니다.

결국, 세상 왕들이 일어나 하나님의 백성을 대적하는 이유가 바로 여기에 있습니다. 인간이 중요해서가 아닙니다. 인간의 행복이나 불행이 뱀의 후손과 여자의 후손 간의 오랜 전쟁의 향방을 바꿀 수 있어서도 아닙니다. 하나님의 이름에 의문을 제기하게 하려고 하나님의 백성을 조롱하고, 유혹하고, 겨냥하고, 핍박하는 것입니다. 우리 삶은 하나님의 영광을 위한 전쟁터이고, 사탄은 우리가 섬기는 하나님이 죽은 종교의 거짓 신들과 다르지 않음을 증명하려고 애씁니다.

아시리아가 하나님을 향한 이스라엘의 믿음에 초점을 두어 하나님이 기만적으로 보이게 했던 이유는 무엇입니까?

그들의 조롱에서 어떤 것이 두드러져 보이나요? 이처럼 하나님을 믿는다는 이유로 조롱이나 비웃음을 받은 적이 있나요? 어떤 일이 있었습니까?

나는 여호와께서 이기실 것을 믿는다

히스기야가 느꼈을 압박감을 상상할 수 있겠습니까? 주님의 계명을 존중하고 지키고자 노력했음에도 불구하고, 그는 아무런 해결책도 보이지 않는 절망적인 상황에 처했습니다. 하나님이 개입하시지 않는다면 유다의 멸망은 자명한 일이었습니다. 이와 같은 절망적인 상황에서 히스기야는 어떤 반응을 보였을까요?

14히스기야가 사자의 손에서 편지를 받아보고 여호와의 성전에 올라가서 히스기야가 그 편지를 여호와 앞에 펴 놓고 15그 앞에서 히스기야가 기도하여 이르되 그룹들 위에 계신 이스라엘의 하나님 여호와여 주는 천하만국에 홀로 하나님이시라 주께서 천지를 만드셨나이다 16여호와여 귀를 기울여 들으소서 여호와여 눈을 떠서 보시옵소서 산헤립이 살아 계신 하나님을 비방하러 보낸 말을 들으시옵소서 [17]여호와여 앗수르 여러 왕이 과연 여러 민족과 그들의 땅을 황폐하게 하고 [18]또 그들의 신들을 불에 던졌사오니 이는 그들이 신이 아니요 사람의 손으로 만든 것 곧 나무와 돌 뿐이므로 멸하였나이다 [19]우리 하나님 여호와여 원하건대 이제 우리를 그의 손에서 구원하옵소서 그리하시면 천하만국이 주 여호와가 홀로 하나님이신 줄 알리이다 하니라(왕하 19:14~19)

이전의 왕들과 달리 히스기야는 여호와를 두려워하며 정직하게 행한 왕이었습니다. 통치 초기에 그는 유다에서 거짓 신들에 제사 지내던 이방 제단들을 무너뜨리게 했습니다. 아시리아왕 산헤립으로부터 받은 압박감 때문에, 히스기야는 구원을 위해 참 하나님의 권능에 전적으로 의지하게 되었습니다. 이미, 그는 선지자 이사야의 조언을 구했으므로(왕하 19:5~7) 하나님의 구원을 확신했습니다. 그는 자기 믿음을 실천에 옮겼습니다. 아시리아의 위협 문제를 성전으로 가져가 기도로 여호와께 부르짖은 것입니다.

히스기야는 주님께 나아가 유다의 구원을 간구했습니다(왕하 19:19). 그의 간구에서 주목되는 것은, 하나님의 이름의 온전성에 큰 강조점이 있다는 점입니다. 그의 기도를 세 부분으로 나눌 수 있는데 그는 먼저 하나님의 권능을 찬양하고, 유다가 직면한 문제를 고한 다음, 하나님께 직접 도움을 호소했습니다.

알짬 교리 **99**

하나님의 영광

'하나님의 영광'이란 하나님이 하신 일이 볼 수 있게 드러나는 것, 다시 말해서 하나님이 자신의 완전한 성품을 자신의 일을 통해 나타내시는 방식입니다. 또한 하나님의 영광은 하나님의 뛰어난 명성을 가리키는 말로, 우리가 하나님의 이름을 찬양해야 하는 이유 중 하나입니다. 또 하나님의 영광은 하나님의 본질적인 아름다움으로, 하나님의 속성들과 성품들에서 드러나는 하나님의 밝음과 아름다움을 말합니다. 성경은 인류가 하나님의 창조 목적인 하나님을 영화롭게 하는 것을 저버렸기 때문에 하나님의 영광에 이르지 못했다고 말합니다 (롬 3:23).

히스기야는 산헤립이 살아 계신 하나님을 비방한 사실에 분개하여(왕하 19:17), 친하만국이 오직 한 분 참 하나님이 계심을 알기를 바랐습니다(왕하 19:19). 이전에 아시리아에 멸망했던 이교도 나라들과 달리 이스라엘 나라의 하나님은 나무나 돌로 만들어지지 않았습니다. 히스기야왕은 그의 백성의 구원을 간절히 바라는 만큼 하나님이 높임 받으시기를 열망했습니다.

내 이름을 위해서라도 너희를 구원하리라

히스기야가 주님께 응답받은 일은 우리가 주님의 나라를 구하며 기도할 때 하나님이 열심히 들으신다는 사실을 상기시켜 줍니다.

아모스의 아들 이사야가 히스기야에게 보내 이르되 이스라엘 하나님 여호와의 말씀이 네가 앗수르왕 산헤립 때문에 내게 기도하는 것을 내가 들었노라 하셨나이다(왕하 19:20)

하나님은 우리가 그분께 부르짖을 때 기꺼이 들어주실 뿐만 아니라, 그분의 이름으로 인해 우리에게 유익을 주시고자 기꺼이 개입하십니다.

[32]그러므로 여호와께서 앗수르왕을 가리켜 이르시기를 그가 이 성에 이르지 못하며 이리로 화살을 쏘지 못하며 방패를 성을 향하여 세우지 못하며 치려고 토성을 쌓지도 못하고 [33]오던 길로 돌아가고 이 성에 이르지 못하리라 하셨으니 이는 여호와의 말씀이시라 [34]내가 나와 나의 종 다윗을 위하여 이 성을 보호하여 구원하리라 하셨나이다 하였더라 [35]이 밤에 여호와의 사자가 나와서 앗수르 진영에서 군사 십팔만 오천 명을 친지라 아침에 일찍이 일어나 보니 다 송장이 되었더라 [36]앗수르왕 산헤립이 떠나 돌아가서 니느웨에 거주하더니 [37]그가 그의 신 니스록의 신전에서 경배할 때에 아드람멜렉과 사레셀이 그를 칼로 쳐 죽이고 아라랏 땅으로 그들이 도망하매 그 아들 에살핫돈이 대신하여 왕이 되니라(왕하 19:32~37)

막다른 길에 내몰린 유다가 살 수 있는 유일한 희망은 하나님이 움직여 주시는 것뿐이었습니다. 그래서 이사야가 예고했던 것처럼(왕하 19:7), 하나님은 자기 백성을 보존하기 위해 싸우셨고 산헤립은 패배했습니다. 다윗에게 주신 약속으로 인해, 하나님은 자신에게 속한 자들을 힘써 보호하셨습니다. 아시리아 군사 185,000명의 갑작스러운 죽음은, 하나님의 권능에 대해 말해 줄 뿐만 아니라 자기 백성을 돌보시고자 하는 확고한 결단을 보여 줍니다. 다수를 죽게 하든 자기 아들을 죽게 하든, 하나님은 겸손히 천국을 구하는 자들을 구원하시는 데 필요한 것은 무엇이든지 행할 준비가 되어 있으십니다.

그리스도와의 연결

그리스도께서는 하나님 나라의 영원한 보좌를 세우심으로써 하나님이 다윗에게 주셨던 약속을 성취하셨습니다(눅 1:30~33). 그러므로 그리스도 안에 있는 모든 사람은 구약의 유대인이 그들의 영웅적인 왕 덕분에 누렸던 신실함을 하나님께도 똑같이 기대해야 합니다. 다윗의 왕권이 이스라엘의 보전을 보장하는 것처럼, 예수님의 왕권은 우리가 그분 안에서 영원히 안전할 것을 확인해 줍니다. 십자가에서의 희생적인 죽음 때문에 성부 하나님은 성자 그리스도에게 모든 이름 위에 뛰어난 이름을 주셨습니다(빌 2:9~11). 그래서 하나님의 찬란한 영광이 그분을 통해 영원히 드러날 것입니다.

YOUR STORY

하나님이 들려주시는 이야기는 오늘을 사는 나와 늘 연결되어 있습니다. 아래 질문에 답하면서 성경 이야기가 내 이야기와 어떻게 연결되는지 생각해 봅시다.

▶ 사탄은 오늘날 어떤 식으로 세상을 아수라장으로 만들곤 합니까? 이러한 점은, 만약 하나님의 자녀인 우리가 세상에 만족하고 평안하다면, 우리에 관해 무엇을 말하는 것입니까?

이 질문에 관한 대답은 다양할 것입니다.

▶ 나쁜 일이 생기면 가장 먼저 어떻게 반응하나요? 하나님의 영광의 눈으로 고난을 본다면, 그 대처하는 방식이 어떻게 달라질까요?

인생의 어려움 가운데에서 하나님의 영광에 초점을 맞출 때 우리는, 첫째로는 '하나님이 계획을 가지고 계시다'라는 사실을, 둘째로는 '하나님이 우리 유익을 위해 적극적으로 역사하고 계시다'라는 사실을 잊지 않게 됩니다.

▶ 본문은 기도에 관해 무엇을 가르쳐 주나요?

우리는 "나라가 임하시오며 뜻이 하늘에서 이루어진 것 같이 땅에서도 이루어지이다"(마 6:10)라고 기도합니다. 이것은 하나님 나라의 성장을 통해 하나님의 이름이 알려지도록 하는 것보다 더 만족스러운 것은 없다는 우리의 확신을 보여 줍니다.

▶ 기도 제목이 있을 때 하나님께 어떻게 나아가야 할까요?

이 질문에 관한 대답은 다양할 것입니다.

하나님의 이야기
하나님이 그분의 아들 예수 그리스도를 통해 우리를 구속해 주신 이야기

우리의 이야기
우리의 이야기가 하나님의 이야기와 만나는 곳

YOUR MISSION

생 각

하나님이 그분의 영광을 추구하시는 것은 인간의 자기도취적 타락성과는 다릅니다. 그 무엇도 하나님보다 영광스러울 수 없기에 그분을 높이지 않는 것은 곧 우상 숭배와 다름없습니다. 또한 하나님은 사람들을 안전한 곳으로 인도하는 등대처럼, 우리가 그분께 관심을 기울이도록 인도하십니다. 하나님의 선한 빛이 없이는 구원과 생명을 얻을 수 없기 때문입니다. 하나님이 자기 영광을 높이시면, 결과적으로 그분의 백성에게 유익이 됩니다.

- 왜 주님은 자기 백성을 위해 힘써 승리하실까요? 이는 우리를 위한 하나님의 사랑, 자기 이름이 높여지기를 원하시는 하나님의 바람에 관해 무엇을 말해 줍니까?
  이 질문에 관한 대답은 다양할 것입니다.

- 하나님이 자기 영광을 드러내실 때, 우리는 어떤 유익을 얻습니까?
  이 질문에 관한 대답은 다양할 것입니다.

마 음

살아가는 목적의 중심이 우리 자신이 아니라 하나님께 있음을 이해하면, 관심의 초점이 '하나님께 은혜를 받는 것'에서 '하나님의 이름을 드러내는 것'으로 바뀌게 됩니다. 히스기야처럼 우리도 하나님의 선함과 은혜를 전하는 우리 삶에 주님이 역사하시기를 구해야 합니다. 우리의 야망은, 모든 다른 것보다, 주님의 이름을 영원히 찬송하는 것입니다(단 2:20).

- 하나님의 이름을 찬양하는 것이 왜 우리 마음의 궁극적인 열망이 되어야 합니까?
  이 질문에 관한 대답은 다양할 것입니다.

- 하나님이 아니라 그분의 선물에 초점을 둔다면, 그분을 어떻게 여기는 것입니까?
  이 질문에 관한 대답은 다양할 것입니다.

행 동

하나님의 영광이 먼저이기에, 하나님의 자녀는 하나님의 이름을 드러내기 위해 삽니다. 하나님이 우리를 위해 존재하시는 것이 아니고 우리가 하나님을 위해 존재합니다. 우리는 하나님의 영광을 위해 창조되었기에(사 43:7), 이 목적에 자신의 인생을 맞춘다면 자유와 평화와 기쁨을 누릴 것입니다. 우리가 나의 계획과 나의 이름을 드러내는 것을 포기할 때, 우리 삶이 영광의 횃불이 되어 누구보다도 더 영광스러운 분을 가리킬 수 있습니다(마 5:16).

- 어떻게 하면 삶에서 하나님의 영광을 드러낼 수 있을까요?
  이 질문에 관한 대답은 다양할 것입니다.

- 한 주 동안 어떻게 하면 하나님의 이름을 드러낼 수 있을까요?
  이 질문에 관한 대답은 다양할 것입니다.

> 다음 모임까지
> 시 97~99편;
> 삼하 24장을
> 읽어 보세요.

호세아,
내 마음을 알겠느냐

요약

이 과에서 우리는 하나님의 선지자 호세아의 삶, 특히 그의 결혼이, 사랑하는 백성을 찾기 위해 어떤 대가도 마다하지 않으시는 하나님을 나타냄을 보게 됩니다. 우리의 불신실함에도 불구하고 하나님은 우리를 사랑하시며, 우리가 주님과 올바른 관계를 맺고 유지하도록 기꺼이 친히 대가와 희생을 치르십니다. 하나님은 그분의 사랑으로 인해 우리와 같이 불성실한 사람도 찾으시며, 이를 통해 우리가 주님의 사랑의 복음으로 다른 사람들을 어떻게 대해야 할지에 대한 본을 보여 주셨습니다.

성경

호세아 1장 2~9절; 2장 14~23절; 3장 1~5절

HIS STORY

포 인 트	하나님은 그분의 백성이 불신실할 때조차 그들을 신실하게 찾으신다.

등 장 인 물

삼위일체 하나님(성부, 성자, 성령)

호세아(하나님의 불신실한 백성을 향한 그분의 신실하심을 실제로 보여 주기 위해 고멜과 결혼한 선지자)

메시지 좌표

결혼이 종종 가볍게 여겨지고 쉽게 깨어질 수 있는 계약으로 보이는 때에, 우리는 호세아의 이야기에서 하나님과 그분의 백성 사이에 존재하는 끈질긴 신실함을 엿볼 수 있습니다. 이 과에서 호세아의 이야기를 살펴봄으로써, 우리 자신의 모습과 하나님께 대한 우리의 영적인 불신실을 보게 될 것입니다. 또한 죄인을 끊임없이 찾으시는 주님의 사랑 안에서 우리를 향한 그분의 흔들리지 않는 신실하심을 보게 될 것입니다.

도 입

메시지 전달 방식은 메시지 그 자체와 전달자에 관해 많은 것을 알려 줍니다. 말할 때에는 목소리의 톤을 조심해야 한다는 부모님의 말씀을 들은 적이 있나요? '말대답'하지 말라는 부모님의 말씀을 들은 적이 있나요? 메시지의 내용이 중요하긴 합니다. 그러나 전달 방식에 따라 주의 깊게 듣게 할 수도, 아니면 들어보지도 않고 등을 돌리고 가 버리게 할 수도 있습니다. 우리는 행동, 몸짓, 표정으로도 주변 사람들과 소통할 수 있습니다. 분명한 메시지를 전달하는 것도 중요하지만, 그에 맞는 적절한 톤과 표정과 행동을 하는 것이 중요합니다.

▶ 중요한 메시지를 전할 때 보통 어떤 식으로 합니까? 말투 때문에 다른 사람들이 잘 듣거나 듣지 않았던 적이 있나요?

▶ 누군가 자신에게 전달하는 메시지를 하나도 듣고 싶지 않았다거나 이해할 수 없었던 경험이 있습니까? 구체적으로 어떤 상황이었나요?

성경에서 선지자는 하나님의 메시지를 하나님의 백성에게 전달하는 사람입니다. 하나님이 호세아를 선지자로 부르셨지만, 그는 말로만 전달하지 않을 것입니다. 호세아는 신실하지 못한 백성들을 향해 하나님의 신실하심을 행동으로도 보여 줄 것입니다. 하나님은 호세아에게 음녀와 결혼하고, 자녀를 낳고, 끝까지 사랑하라고 말씀하셨습니다. 고멜이 무슨 일을 하든지, 그리고 아무리 많이 도망가더라도 그렇게 하라고 말씀하셨습니다. 하나님은 호세아의 삶을 통해 이스라엘의 죄에 적극적으로 대면하셨습니다.

▶ 하나님은 자기 백성에게 어떤 식으로 사랑을 보여 주고자 하셨습니까? 하나님이 다른 식으로 보여 주셨어도 그들이 하나님의 사랑을 이해할 수 있었을까요?

고멜과 결혼하라고요?

성경에서 '선지자'는 어떤 의미입니까? 구약에서 하나님의 선지자란 대변자입니다. 그들은 백성 앞에 서서 하늘의 권위를 가지고 '주님이 이렇게 말씀하신다'라고 선포합니다. 일반적으로 선지자의 메시지는 백성들에게 회개를 촉구하는 내용이었습니다.

도입 선택

사람들은 개가 아주 충직한 동물이라고 말합니다. 실종된 아이를 찾거나, 구조 대원이 도착할 때까지 상처 입은 주인 곁을 지키거나, 전사한 전쟁 영웅의 관 아래 엎드려 있거나 하는 충성스러운 개에 관한 기사를 가끔 볼 수 있습니다. 주인을 물거나 공격적으로 행동하는 개도 있지만, 대부분 사람은 개가 무조건 사람을 사랑한다고 믿습니다. 주인이 어떻게 행동하든 개는 주인을 똑같이 사랑하기 때문입니다. 개는 자기 생각을 말할 수는 없어도, 종종 행동으로 그것을 보여 줍니다. 학생들이 '충성', '헌신'의 의미에 대해 토론하게 하십시오. 비록 그것들의 특징 몇 가지를 알 수 있다고 해도, 아무도 그리고 아무것도 주님의 신실하심보다 더 뛰어날 수 없음을 말해 주십시오.

- *하나님께 불충했는데도, 변함없는 하나님의 신실하심을 경험한 적이 있습니까?*
- *어떤 사람과의 관계에 충실히 헌신하고 있음을 보여 주는 징후는 무엇입니까? 이런 징후가 하나님과의 관계에서는 어떻게 나타납니까?*

호세아가 맡은 선지자의 역할은 말로 선포하는 것 이상의 것이었습니다. 호세아를 향한 하나님의 계획은 걷고 말하고 숨을 쉬는 것과 같은 메시지를 포함했습니다. 하나님은 호세아의 삶에 이러한 부르심을 두셨습니다.

²여호와께서 처음 호세아에게 말씀하실 때 여호와께서 호세아에게 이르시되 너는 가서 음란한 여자를 맞이하여 음란한 자식들을 낳으라 이 나라가 여호와를 떠나 크게 음란함이니라 하시니 ³이에 그가 가서 디블라임의 딸 고멜을 맞이하였더니 고멜이 임신하여 아들을 낳으매 ⁴여호와께서 호세아에게 이르시되 그의 이름을 이스르엘이라 하라 조금 후에 내가 이스르엘의 피를 예후의 집에 갚으며 이스라엘 족속의 나라를 폐할 것임이니라 ⁵그날에 내가 이스르엘 골짜기에서 이스라엘의 활을 꺾으리라 하시니라 ⁶고멜이 또 임신하여 딸을 낳으매 여호와께서 호세아에게 이르시되 그의 이름을 로루하마라 하라 내가 다시는 이스라엘 족속을 긍휼히 여겨서 용서하지 않을 것임이니라 ⁷그러나 내가 유다 족속을 긍휼히 여겨 그들의 하나님 여호와로 구원하겠고 활과 칼이나 전쟁이나 말과 마병으로 구원하지 아니하리라 하시니라 ⁸고멜이 로루하마를 젖 뗀 후에 또 임신하여 아들을 낳으매 ⁹여호와께서 이르시되 그의 이름을 로암미라 하라 너희는 내 백성이 아니요 나는 너희 하나님이 되지 아니할 것임이니라(호 1:2~9)

하나님은 결혼을 계획하실 때, 아주 친밀하고 희생적이며 서로 사랑하는 관계로 제정하셨습니다. 이를 통해 그리스도와 교회 사이의 관계, 즉 함께 걷고 대화하고 살고 호흡하는 관계를 미리 예시해 주고자 하셨습니다(엡 5:32).

하나님은 호세아에게 고멜과 같은 불신실한 아내를 맞이하라고 명령하심으로써 하나님이 그분의 백성과 맺기를 바라시는 강한 인격적인 관계를 분명히 보여 주셨습니다. 나아가 그러한 관계가 항상 신실한 배우자이신 하나님 편에서는 얼마나 고통스럽고 희생적인 것인지도 보여 주셨습니다.

그래도 사랑합니다

만약 호세아가 한 남자로서 아내의 불신실함을 알면서도 이 같은 사랑과 신실함을 보였다면, 당신의 자녀를 사랑하시는 하나님의 사랑은 얼마나 더

하겠습니까?

하나님은 호세아가 고멜에게 그랬던 것처럼, 우리가 불신실할 때에도 우리를 찾으시고 우리에게 영원한 사랑을 약속하십니다. 우리는 호세아의 결혼 이야기에서 자기 백성을 향한 하나님의 사랑의 약속을 보게 됩니다. 호세아가 아내를 계속 찾으며 사랑하도록 부름받았던 것처럼, 하나님은 그분의 백성에게 헌신하셨습니다.

¹⁴그러므로 보라 내가 그를 타일러 거친 들로 데리고 가서 말로 위로하고 ¹⁵거기서 비로소 그의 포도원을 그에게 주고 아골 골짜기로 소망의 문을 삼아 주리니 그가 거기서 응대하기를 어렸을 때와 애굽 땅에서 올라오던 날과 같이 하리라 ¹⁶여호와께서 이르시되 그날에 네가 나를 내 남편이라 일컫고 다시는 내 바알이라 일컫지 아니하리라 ¹⁷내가 바알들의 이름을 그의 입에서 제거하여 다시는 그의 이름을 기억하여 부르는 일이 없게 하리라 ¹⁸그날에는 내가 그들을 위하여 들짐승과 공중의 새와 땅의 곤충과 더불어 언약을 맺으며 또 이 땅에서 활과 칼을 꺾어 전쟁을 없이하고 그들로 평안히 눕게 하리라 ¹⁹내가 네게 장가들어 영원히 살되 공의와 정의와 은총과 긍휼히 여김으로 네게 장가들며 ²⁰진실함으로 네게 장가들리니 네가 여호와를 알리라 ²¹여호와께서 이르시되 그날에 내가 응답하리라 나는 하늘에 응답하고 하늘은 땅에 응답하고 ²²땅은 곡식과 포도주와 기름에 응답하고 또 이것들은 이스르엘에 응답하리라 ²³내가 나를 위하여 그를 이 땅에 심고 긍휼히 여김을 받지 못하였던 자를 긍휼히 여기며 내 백성 아니었던 자에게 향하여 이르기를 너는 내 백성이라 하리니 그들은 이르기를 주는 내 하나님이시라 하리라 하시니라(호 2:14~23)

하나님이 주시는 사랑은 감정이 없는 것이 아닙니다. 전혀 그렇지 않습니다. 사실, 본문과 신구약의 수많은 구절이 자기 백성을 향한 하나님의 깊은 애정을 보여 줍니다. 하나님의 사랑은 우리가 생각하는 것보다 훨씬 더 깊습니다. 하나님의 사랑과 모든 참된 사랑은 사랑받는 대상을 향한 책임감과 희생을 포함합니다.

본문에서 우리는 하나님이 당신의 자녀를 포기하지 않고 끝까지 찾으시는 분임을 발견할 수 있습니다. 하나님이 이끄시고, 취하시며, 베푸십니다. 주님의 백성은 이런 하나님의 주도적인 사랑에 마땅히 반응해야 할 사람들입니다. 우리도 마찬가지입니다.

그런데 여기서 또 한 가지 중요한 사실은 하나님이 약속하신 사랑에는 시

호세아는 자신이 맺게 될 관계에 대해 가식적이지 않았습니다. 그는 이 결혼이 부정으로 가득하리라는 것을 처음부터 알았습니다. 하나님의 명령은 매우 충격적이었습니다. 왜냐하면 그렇게 행동하는 것은 결혼의 신실함과 관련해 하나님이 주셨던 많은 명령과 모순되기 때문입니다. 그러나 호세아는 미가 선지자처럼 불성실에 관해 예언하라는 명령을 받은 것이 아니었습니다. 그 대신 그는 아내의 과거뿐 아니라 미래까지 알면서도 그녀를 받아들이고 안아야 했습니다.

본문을 자세히 살펴보면 이 결혼에서 태어난 자녀들을 기술하는 방식에서 뚜렷한 차이점을 발견할 수 있습니다. 3절에서 첫째 아들을 기술하는 데 사용된 단어에 주목하십시오. '그녀가 임신하여 그에게 아들을 낳았다'("고멜이 임신하여 아들을 낳으매")라고 되어 있습니다. 그러나 6절과 8절을 보십시오. '그녀가 임신하여 출산하였다'("고멜이 또 임신하여 …낳으매")라고 되어 있습니다.

이러한 변화는 첫아이는 호세아의 자녀이지만, 둘째와 셋째는 고멜의 계속되는 외도의 결과임을 암시합니다. 그러므로 여기에서 우리는 하나님이 선지자에게 주신 은혜가 충만한 명령 전체를 살펴볼 필요가 있습니다. 호세아는 불성실한 아내와 결혼해야 했고, 사생아들을 돌보고 부양하는 수십 년간 아내의 부정을 기억해야 할 것입니다.

간제한이 없다는 것입니다. 하나님의 사랑을 시적으로 표현한 구절들은 영원한 사랑의 이미지와 밀접하게 관련되어 있습니다. 우리는 영원히 주님의 백성이 될 것입니다. 또한 하나님 안에서 영원히 안전하게 거할 것입니다. 하나님은 우리에게 사랑을 약속하셨고 선물로 주셨습니다. 그리고 그 약속과 선물은 결코 철회되지 않을 것입니다.

본문에서 하나님의 약속을 찾아 열거해 보십시오. 어떤 약속에 마음이 갑니까? 하나님이 그분의 백성에게서 사랑을 거두지 않으시리라는 것을 아는 것이 왜 중요할까요?

알짬 교리 99

은혜로우신 하나님

하나님은 자격 없는 자에게 과분한 호의를 베풀기를 기뻐하시는 성품을 지니셨습니다(엡 2:8~9). 죄인을 향한 주님의 은혜는 그리스도를 통해 주셨던 구원에서 가장 분명하게 드러납니다. 죄를 보면, 인간은 구원받을 자격이 없습니다. 우리 모두가 하나님께 등을 돌렸으므로 결과적으로 죽어 마땅합니다(롬 6:23). 그런데도 하나님은 죄인을 죄 가운데 버려두지 않으시고, 예수님의 죽음과 부활을 통해 우리 죄를 사하고 용서해 주심으로써 은혜를 보여 주셨습니다(고후 5:21).

내게 돌아올 수 있게 해 줄게

호세아의 아내 고멜은 호세아 1장과 3장 사이의 어느 시점에서 그를 떠났습니다. 언제 떠났는지, 왜 떠났는지, 이때 처음 떠난 것인지 우리는 정확히 알 수 없습니다. 어쩌면 이것이 고멜의 평상시 행동 유형이었을 수도 있습니다. 하나님과의 관계에서 많은 이들이 그러는 것처럼, 고멜은 남편에게 헌신하고자 했으나 결국 예전의 삶으로 돌아가고 싶은 유혹을 강하게 느꼈습니다.

혹은, 어쩌면 고멜은 남편의 사랑이 실제로 참되고 신실하고 희생적이라는 사실을 결코 믿지 못했을 수도 있습니다. 아마도 남편이 결국에는 정신을 차리고 돌아설 것으로 생각하며 늘 마음 졸이고 기다렸을 것입니다. 그런 의구심과 불안감이 너무 강해져서, 신실한 사랑을 의심하며 살기보다는 그냥 도망치는 편이 더 낫다고 생각했을지도 모릅니다.

결국 고멜은 호세아의 집을 나와 노예 상태로 돌아갔습니다.

> [1]여호와께서 내게 이르시되 이스라엘 자손이 다른 신을 섬기고 건포도 과자를 즐길지라도 여호와가 그들을 사랑하나니 너는 또 가서 타인의 사랑을 받아 음녀가 된 그 여자를 사랑하라 하시기로 [2]내가 은 열다섯 개와 보리 한 호멜 반으로 나를 위하여 그를 사고 [3]그에게 이르기를 너는 많은 날 동안 나와 함께 지내고 음행하지 말며 다른 남자를 따르지 말라 나도 네게 그리하리라 하였노라 [4]이스라엘 자손들이 많은 날 동안 왕도 없고 지도자도 없고 제사도 없고 주상도 없고 에봇도 없고 드라빔도 없이 지내다가 [5]그 후에 이스라엘 자손이 돌아와서 그들의 하나님 여호와와 그들의 왕 다윗을 찾고 마지막 날에는 여호와를 경외하므로 여호와와 그의 은총으로 나아가리라 (호 3:1~5)

본문의 이미지는 생생하고 강력합니다. 호세아는 고멜에게 버림받기는 했지만 신실했기에 그녀에게 등을 돌릴 권한이 충분했던 반면, 고멜에게는 그녀의 상황에 영향을 미칠 힘이 없었습니다. 그때 남편은 사랑하는 아내의 자유를 사기 위해 사랑으로 값을 지불했습니다. 본문은 복음 메시지에 대한 마음속 영상을 우리에게 줍니다.

노예. 고멜은 단순히 사라진 것이 아니라 노예 상태가 되었습니다. 그녀는 자신의 생활방식 때문에 덫에 걸렸고 자신의 상황을 바꿀 만한 아무런 힘이 없었고 다른 사람에게 휘둘리게 되었습니다.

구원자. 호세아는 마땅히 누릴 권리가 있었지만 그렇게 하지 않았습니다. 주님은 고멜이 원한다고 해도 호세아에게 돌아올 길이 없었기 때문에 그에게 그녀에게로 "가라"라고 명령하셨습니다.

값. 호세아는 감정이나 감상이나 선의로 고멜을 되산 것이 아니었습니다. 자유가 쉽게 얻어지는 것이 아님을 알았던 그는 멀리 서서 그녀를 향한 그분의 사랑에 대해 외치는 대신, 사랑하는 아내의 자유를 위해 지불할 돈을 잔뜩 준비했습니다.

그리스도와의 연결

고멜이 호세아에게 돌아올 힘이 없을 때 호세아가 그녀에게 갔던 것처럼, 예수님은 우리가 아주 간절하게 필요로 했던 구원자로서 우리에게 오셨습니다. 자신의 죽음과 부활을 통해 예수님은 죄와 죽음의 사슬을 끊으시고, 하나님의 백성에게 자유를 주셨습니다. 이는 우리 노력이 아니라 우리에게 오실 정도로 우리를 사랑하셨던 분에게서 온 것입니다. 우리는 불신실했지만, 하나님은 우리를 대신해 자기 생명을 포기하심으로 신실하심을 보여 주셨습니다.

그뿐 아니라 더 위대한 방식으로, 우리 자유를 위해 지불해야 하는 더 큰 값이 있었습니다. 하나님의 정의는 죽음을 요구했는데, 예수님 그분이 지불되었습니다. 그분이 자기 생명을 포기하신 덕분에 우리가 자유를 누릴 수 있게 되었습니다.

이 과정이 '구속'이라는 단 한 단어로 요약될 수 있습니다. '구속한다'는 것은 문자적으로 그것을 '되산다'라는 뜻입니다. 바로 이것을 호세아가 고멜을 위해 행했습니다. 그리고 이것이 바로 예수 그리스도께서 십자가에서 우리를 위해 행하셨던 것입니다.

YOUR STORY

하나님이 들려주시는 이야기는 오늘을 사는 나와 늘 연결되어 있습니다. 아래 질문에 답하면서 성경 이야기가 내 이야기와 어떻게 연결되는지 생각해 봅시다.

▸ 죄가 우리를 자유롭게 하는 것이 아니라 노예로 삼는 함정이라는 것을 어떻게 알 수 있나요?
이 질문에 관한 대답은 다양할 것입니다.

▸ 고멜처럼, 살아가면서 계속 반복하게 되는 죄는 무엇입니까?
이 질문에 관한 대답은 다양할 것입니다.

▸ 호세아와 고멜의 이야기는 하나님의 성품에 관해, 특히 하나님에 대한 우리의 불충에 관해 무엇을 가르쳐 줍니까?
무엇보다도, 이 이야기는 우리가 하나님에게서 도망친다고 해도 하나님은 우리를 끝까지 찾으시는 분임을 가르쳐 줍니다. 하나님은 우리를 사랑하십니다. 그리고 죄로부터 우리를 구원하고자 적극적으로 찾으심으로써 그 사랑을 보여 주십니다.

▸ 어떻게 하면 하나님께 전적으로 헌신할 수 있을까요?
한 가지 방법은 구원의 기쁨뿐 아니라 구원을 위해 하나님이 치르셨던 대가를 계속해서 생각하는 것입니다.

하나님의 이야기
하나님이 그분의 아들
예수 그리스도를 통해
우리를 구속해 주신 이야기

우리의 이야기
우리의 이야기가
하나님의 이야기와
만나는 곳

YOUR MISSION

생 각

고멜처럼 우리도 이 세상의 행태와 방식의 노예가 되어 있습니다. 우리 자신의 죄에 매여 있는 우리는, 우리의 본성과 선택 때문에 이 사슬에서 벗어날 수가 없습니다. 누군가가 개입해 주지 않으면 영원히 매여 있을 것입니다.

- 선지가 호세아('구원자'라는 뜻)는 어떤 점에서 예수님과 그분의 사역을 닮았나요?
  이 질문에 관한 대답은 다양할 것입니다.

- 고멜을 향한 호세아의 사랑을 이해하는 것은 우리를 사랑하신 하나님께 감사하는 데 어떤 도움이 될까요?
  이 질문에 관한 대답은 다양할 것입니다.

마 음

하나님의 사랑은 우리 문화에서 말하는 사랑과 극명하게 대조됩니다. 우리는 운동, 영화, 애완동물, 음식, 연예인, 게임 등 아주 많은 것을 사랑합니다. 우리가 생각 없이 남발하게 되면서 '사랑'이라는 말은 평범하게 되었습니다. 적어도 '사랑'이라는 단어가 사용되는 방식에 근거해 보면, 그것은 결단과 헌신이 아니라 개인적인 선택과 기호라는 불안정한 토대에 기초합니다. 우리는 하나님에게서 사랑의 참된 정의를 발견할 수 있습니다. 그것은 말이 아니라 행동으로 빚어진, 예수님의 십자가 사역으로 예증된 것입니다.

- 우리 문화에서는 사랑에 관해 어떻게 정의합니까?
  이 질문에 관한 대답은 다양할 것입니다.

- 그것은 성경에 나타난 하나님의 사랑과 어떻게 다릅니까?
  우리 문화에서는 '사랑'이라는 단어가 주로 명사로 사용되지만, 성경 전체에서는 동사로 더 자주 사용됩니다.

행 동

우리는 하나님이 우리를 찾아오심과 사랑, 친히 치르신 큰 희생에 비추어 우리도 다른 사람을 찾아가서 사랑하도록 부름받았습니다. 사랑받았으므로 사랑합니다(요일 4:11). 호세아의 경우에서 보듯, 이는 과도한 애착이 아니며 아무런 대가가 없는 것도 아니지만 큰 희생 또한 따를 것입니다. 시간을 희생하고, 우선순위를 재정립하며 희생해야 합니다. 그것이 너무 크게 느껴질 때에는, 하나님이 우리를 위해 치르신 희생을 기억하면 도움이 될 것입니다.

- 왜 하나님은 호세아에게 고멜과 결혼하라고 하셨을까요? 그가 하나님의 메시지를 말로만 전달하는 것으로는 충분하지 않았던 이유는 무엇일까요?
  이 질문에 관한 대답은 다양할 것입니다.

- 다른 사람에게 복음을 전할 때, 호세아 이야기를 어떻게 사용할 수 있을까요?
  이 질문에 관한 대답은 다양할 것입니다.

다음 모임까지
시 108~109편;
대상 23~26장을
읽어 보세요.

요나, 저들도 내가 사랑한단다

요 약

이 과는 백성들이 아무런 관심을 보이지 않을 때조차 하나님은 어떻게 해서든 자기 백성을 찾으려고 애쓰신다는 것을 가르쳐 줍니다. 요나는 하나님의 부르심을 거절하고, 원수들을 피해 도망간 선지자였습니다. 요나와 달리, 예수님은 하나님의 부르심에 순종하고, 원수들에게로 달려가셨습니다. 또한 우리가 아직 죄인이었을 때 우리를 위해 죽으셨습니다.

성 경

요나 1장 1~5, 15~17절; 2장 7절~3장 5절; 4장 1~4절

HIS STORY

포 인 트	하나님이 구원해 주시는 은혜는 우리가 원수라고 여기는 사람에게도 펼쳐진다.
등 장 인 물	삼위일체 하나님(성부, 성자, 성령) 요나(니느웨 사람들에게 파송된 선지자. 물고기의 배 속에서 3일을 보냄)
메시지 좌표	요나 이야기는 아마도 성경에서 가장 잘 알려지고, 자주 언급되는 이야기 가운데 하나일 것입니다. 또한 많은 오해를 받는 이야기이기도 합니다. 왜냐하면 사람들이 종종 요나를 주인공으로 여겨서 그가 큰 물고기를 만난 사건에만 집중하기 때문입니다. 요나가 중요한 역할을 하기는 했지만, 이 이야기의 진짜 주인공은 하나님이십니다. 즉 요나와 그가 몹시 싫어했던 니느웨(아시리아의 수도) 사람들을 흔들림 없이 붙잡으신 하나님의 이야기입니다.

도입

도망하려고 시도해 본 적이 있습니까? 도망가는 이야기로 요나의 이야기는 매우 유명합니다. 그는 자신의 의견이 옳다고 확신하던 선지자였는데, 하나님의 지시에 반대하여 그분의 뜻과 손이 미치지 않는, 그가 상상할 수 있는 최대한 먼 곳으로 도망가고자 했습니다. 그러나 이 이야기는 하나님에게서 도망친 한 사람에 관한 이야기라기보다는, 불순종에 빠진 인간을 기꺼이 찾으시는 하나님에 관한 이야기입니다.

우리는 요나의 이야기를 할 때 선지자에게 초점을 두는 경향이 있지만, 요나서의 진짜 주인공은 하나님이십니다. 요나는 앙심을 품었지만, 하나님은 자비로우셨습니다. 요나는 도망갔지만, 하나님은 찾으셨습니다. 요나는 화를 냈지만, 하나님은 용서하셨습니다. 하나님은 사악한 니느웨 사람들도 찾으셨고, 불순종한 선지자도 찾으셨습니다.

▶ 상황이나 사람으로부터 도망친 적이 있나요? 머물기로 했든 도망가기로 했든, 그 결정을 내린 결과가 어땠습니까?

▶ 하나님의 계획과 목적으로부터 도망치고 있다고 느낀 적이 있습니까? 왜 그렇게 했습니까? 하나님의 계획과 목적을 받아들이려면 어떻게 해야 할까요?

요나야, 어딜 가느냐?

사람이 하나님에게서 도망칠 수 있을까요? 하나님은 사람과 같지 않으십니다. 그분의 손이 닿지 않는 곳이 없고, 그분의 눈은 온 땅을 살피십니다. 그러나 요나는 선지자임에도 불구하고, 하나님의 부르심을 못마땅하게 여겨서 멀리 도망갔습니다.

아담과 하와처럼, 요나도 도망쳐서 숨었습니다. 그러나 하나님은 문제를 덮어 주는 것으로 만족하지 않으셨습니다.

[1]여호와의 말씀이 아밋대의 아들 요나에게 임하니라 이르시되 [2]너는 일어나 저 큰 성읍 니느웨로 가서 그것을 향하여 외치라 그 악독이 내 앞에 상달되었음이니라 하시니라 [3]그러나 요나가 여호와의 얼굴을 피하려고 일어나 다시스로 도망하려 하여 욥바로 내려갔더니 마침 다시스로 가는 배를 만난지라 여호와의 얼굴을 피하여 그들과 함께 다시스로 가려고

도입 선택

알람 사용 여부에 대해 학생들에게 물어보십시오. 누가 깨워 주는지, 어느 정도 울리도록 설정해 놓는지, 좋아하는 노래나 거슬리는 소리 가운데 어느 것이 울리는지, 조금 더 자려고 알람을 꺼 버리곤 하는지 등을 물어보십시오.

알람은 잠에서 깨어 활동하라고 하거나, 위험하니 대피하라고 경고하거나, 약속 시간을 일깨워 주는 등 우리가 움직여야 할 시간을 알려 주는 역할을 합니다.

- *알람을 어떻게 이용하나요? 그 이유는 무엇인가요?*
- *알람 소리를 듣지 못한 적이 있나요? 그때 어떤 일이 벌어졌나요?*

마찬가지로 하나님이 말씀하실 때 우리는 움직여야 합니다. 하나님의 명령에 순종하는 데 머뭇거려서는 안 됩니다. 하나님의 말씀에 따라 즉각적으로 행동해야 합니다. 알람을 듣고 바로 일어나는 것처럼 곧장 일어나서 하나님이 정하신 목적을 향해 나아가야 합니다.

뱃삯을 주고 배에 올랐더라 ⁴여호와께서 큰바람을 바다 위에 내리시매 바다 가운데에 큰 폭풍이 일어나 배가 거의 깨지게 된지라 ⁵사공들이 두려워하여 각각 자기의 신을 부르고 또 배를 가볍게 하려고 그 가운데 물건들을 바다에 던지니라 그러나 요나는 배 밑층에 내려가서 누워 깊이 잠이 든지라(욘 1:1~5)

요나가 하나님의 말씀을 들은 것은 이번이 처음이 아니었습니다. 하나님은 요나에게 북이스라엘 왕국에 임할 하나님의 은혜와 축복을 선언하게 하신 적이 있습니다(왕하 14:25). 그러나 이번 메시지는 달랐습니다. 하나님은 요나를 이스라엘 백성이 아닌 적대 관계의 이방 민족 니느웨 백성에게 보내셨습니다. 그리고 번영의 소식이 아닌 임박한 심판의 소식을 전하게 하셨습니다.

처음에 요나는 임무를 받고 기뻐했을 것입니다. 세상 사람들 모두가 앗수르의 잔혹함을 알게 될 테니 말입니다. 그들은 당대의 '깡패 집단'이었습니다. 그들은 다른 민족들을 정복할 때, 잔인하게 공격하며 심하게 탄압했습니다. 2절에서 니느웨는 '큰 성읍'으로 묘사됩니다. 확실히 그랬습니다. 아시리아 제국의 중심 도시였던 니느웨는 거의 13km에 달하는 성벽으로 둘러싸여 있었습니다. 12만 명이 거주했을 정도로 큰 도시였습니다(욘 3:2).

요나에게는 하나님의 백성을 대적하는 원수들을 대면하고 심판을 선포할 수 있는 좋은 기회였습니다. 이스라엘 백성이 그토록 바라고 기도해 왔던 심판입니다. 하나님의 말씀대로 요나는 '일어났습니다.' 그런데 그는 니느웨로 직행하지 않고, 엉뚱한 곳으로 가는 배의 표를 샀습니다.

요나는 왜 도망갔을까요? 요나는 하나님에 관해 잘 알고 있었습니다. 하나님은 은혜와 긍휼과 자비가 넘치시는 분이십니다. 그뿐 아니라 하나님이 니느웨 백성에게 경고하시는 것은 그들로 하여금 회개하게 하시기 위함이라는 것도 알았습니다. 요나는 그 일이 어떻게 끝날지 알 수 있었습니다. 그가 니느웨로 가서 주님의 말씀을 전하면 니느웨 백성들이 회개할 것이고, 하나님은 그들을 용서하실 것임을 알 수 있었습니다. 심판은 없을 것입니다. 멸망도 없을 것입니다. 그러나 니느웨를 향한 요나의 증오심이 그들에게 하나님의 메시지를 전하지 못하도록 막았습니다.

니느웨 백성들을 포기하고 싶지 않으셨던 하나님은 요나가 자기 멋대로 가게 놔두고 싶지 않으셨습니다. 요나가 하나님에게서 도망치자, 하나님은 엄청난 폭풍을 동원해 요나를 찾으셨습니다. 하나님이 바다 위에 내리신 폭풍이 어찌나 거셌던지 단련된 선원들조차 두려움에 떨며 종교를 찾을 정도였습니다. 죽음 앞에서는 무신론자가 없듯이, 하나님이 내리신 폭풍을 맞은 배에서 무신론자를 찾아볼 수 없었습니다!

결국 요나가 아는 사실을 선원들도 알게 되었습니다. 즉 이 폭풍이 우연히 일어난 것이 아니라 요나의 불순종 때문에 일어났다는 사실 말입니다. 요나는 자신이 저지른 불순종을 인정하고, 하나님에게서 도망치는 것을 그만두기로 결심하고(어쨌든 무의미한 노력일 뿐이니까요), 선원들에게 방향을 바꾸어 육지로 가 달라고 부탁할 수도 있었습니다. 그런데 요나의 마음은 그때까지도 하나님의 뜻에 굴복할 수 없을 정도로 교만과 증오로 가득 차 있었습니다. 그는 차라리 죽으려고 했습니다.

[15]요나를 들어 바다에 던지매 바다가 뛰노는 것이 곧 그친지라 [16]그 사람들이 여호와를 크게 두려워하여 여호와께 제물을 드리고 서원을 하였더라 [17]여호와께서 이미 큰 물고기를 예비하사 요나를 삼키게 하셨으므로 요나가 밤낮 삼 일을 물고기 뱃속에 있으니라(욘 1:15~17)

순종하기 어려운 곳에 가거나 일을 행하도록 하나님이 부르신 적이 있나요? 그때 어떻게 반응했나요?

요나가 했던 것과 같은 실수를 반복하지 않으려면 어떻게 해야 할까요?

구원은 여호와께 속했나이다

큰 물고기 배 속은 우선순위를 재평가하기에 좋은 장소인 듯합니다. 물고기는 요나에게 그런 환경이 되어 주었습니다. 하나님은 제때 꼭 필요한 징계를 주시는 완벽한 아버지라는 사실을 인정하는 것은 하나님의 완벽한 부성을 신뢰하는 것이기도 합니다. 우리 삶에 그런 징계가 있다는 것은 하나님의 사랑이 부족하다는 증거가 아니라 오히려 충분하다는 증거입니다.

역설적이게도, 요나는 자신이 니느웨 사람과 똑같은 처지에 놓여 있음을 발견하였습니다. 그는 불순종했고, 하나님의 훈련 한가운데서 살고 회개하고 용서를 구해야 했습니다. 어떤 의미에서 요나는 하나님이 니느웨 사람에게 주셨던 메시지를 자기 자신에게 선포해야 했습니다. 그리고 그렇게 했을 때, 요나는 일찍이 자신을 그처럼 격노하게 내모셨던 하나님의 성품에 감사했습니다. 물고기 배 속에서 요나가 드린 기도가 요나 2장 7절에 기록되어 있습니다.

> ⁷내 영혼이 내 속에서 피곤할 때에 내가 여호와를 생각하였더니 내 기도가 주께 이르렀사오며 주의 성전에 미쳤나이다 ⁸거짓되고 헛된 것을 숭상하는 모든 자는 자기에게 베푸신 은혜를 버렸사오나 ⁹나는 감사하는 목소리로 주께 제사를 드리며 나의 서원을 주께 갚겠나이다 구원은 여호와께 속하였나이다 하니라 ¹⁰여호와께서 그 물고기에게 말씀하시매 요나를 육지에 토하니라 (욘 2:7~10)

요나가 회개하자 이야기가 다시 시작되는 것만 같습니다. 요나는 니느웨로 가서 선포하라는 명령을 그대로 다시 받았습니다. 그러나 이번에는 하나님이 더 분명하게 말씀하셨습니다. 요나는 절대로 즉흥적으로 내용을 바꿀 수가 없었습니다. 하나님이 그에게 말하라고 명령하신 그대로 전해야 했습니다.

> ¹여호와의 말씀이 두 번째로 요나에게 임하니라 이르시되 ²일어나 저 큰 성읍 니느웨로 가서 내가 네게 명한 바를 그들에게 선포하라 하신지라 ³요나가 여호와의 말씀대로 일어나서 니느웨로 가니라 니느웨는 사흘 동안 걸을 만큼 하나님 앞에 큰 성읍이더라 ⁴요나가 그 성읍에 들어가서 하루 동안 다니며 외쳐 이르되 사십 일이 지나면 니느웨가 무너지리라 하였더니 ⁵니느웨 사람들이 하나님을 믿고 금식을 선포하고 높고 낮은 자를 막론하고 굵은 베 옷을 입은지라 (욘 3:1~5)

거기에는 미사여구도, 재치 있는 예화도 없었습니다. 요나는 동시대 선지자들과 달리, 신체적 행동을 통해 자신의 메시지를 나타내지도 않았습니다. 그저 단순히 하나님의 심판을 선포했을 뿐입니다.

기적적으로, 그가 선포한 메시지에 엄청난 효과가 있었습니다. 본문의 "사흘 동안 걸을 만큼"이라는 표현은 아마도 요나가 메시지를 전하면서 도시 한쪽 끝에서 다른 쪽 끝까지 걸어가는 데 사흘이 걸린다는 의미일 것인데, 실제로는 하루밤에 걸리지 않았습니다. 하루가 끝나갈 무렵이 되자, 멸망에 대한 선포가 모든 니느웨 사람의 마음을 찔렀습니다. 회개의 증표로, 왕이 극단적인 금식을 선포했습니다(욘 3:7~9). 심지어 동물들까지 금식하게 하며 온 성읍이 전심으로 하나님께 돌아왔습니다.

요나가 자신도 니느웨 사람들처럼 회개해야 한다는 사실을 깨달았을 때 마음이 어땠을까요? 그 이유는 무엇인가요?

요나의 메시지가 어떻게 그렇게 빨리 니느웨 사람들의 마음을 꿰뚫었을까요?

네가 성내는 것이 옳으냐?

요나는 회개 가운데 충분히 거할 수 없었던 것으로 보입니다. 그는 물고기 안에도 있었고, 회개도 표현했으며, 신실하게 전하기도 했고, 그가 생각했던 일이 실제로 일어나기도 했습니다.

요나는 하나님의 말씀과 그분의 은혜로운 성품을 확신했습니다. 그러나 안타깝게도 요나는 개인적인 미움과 편견을 극복하지 못했습니다. 그래서 많은 니느웨 사람이 회개하며 하나님께 부르짖을 때, 기뻐하기보다는 화를 냈습니다.

[1]요나가 매우 싫어하고 성내며 [2]여호와께 기도하여 이르되 여호와여 내가 고국에 있을 때에 이러하겠다고 말씀하지 아니하였나이까 그러므로 내가 빨리 다시스로 도망하였사오니 주께서는 은혜로우시며 자비로우시며 노하기를 더디하시며 인애가 크시사 뜻을 돌이켜 재앙을 내리지 아니하시는 하나님이신 줄을 내가 알았음이니이다 [3]여호와여 원하건대 이제 내 생명을 거두어 가소서 사는 것보다 죽는 것이 내게 나음이니이다 하니 [4]여호와께서 이르시되 네가 성내는 것이 옳으냐 하시니라(욘 4:1~4)

요나는 바로 며칠 전에 일어났던 모든 일에도 불구하고, 여전히 자신의 마음속 문제에 직면하기를 꺼렸습니다. 우상에 집착했던 니느웨 사람들처럼, 요나는 미움이라는 우상에 매여 있었습니다. 그는 미움을 쉽게 떨칠 수가 없었습니다. 그렇게 하지 못함으로써 그가 하나님의 은혜로운 긍휼을 머리로는 알면서도 실천하지는 못한다는 사실을 드러냈습니다.

그리스도와의 연결

여기서 잠시 이 이야기를 우리에게 비추어 살펴봅시다. 우리 앞에 하나님의 원수가 있습니다. 우리 앞에 회개와 용서의 메시지를 전하라고 주님이 선택하신 전달자가 있습니다. 그 전달자가 하나님의 뜻에 따르기를 꺼려 도망갔다가, 물고기에게 삼킴을 당해 삼 일 밤낮을 머물렀습니다. 이것이 바로 요나의 이야기입니다.

그러나 이것은 우리의 이야기가 아닙니다. 우리의 이야기는 우리가 하나님의 원수였다는 것입니다. 하나님은 또 다른 사자, 곧 더 나은 자를 세우셔서 회개와 용서의 메시지를 전하게 하셨습니다. 그분은 자기 생명을 바치면서까지 하나님의 뜻에 전적으로 순종하셨습니다. 그분도 삼켜져 삼 일 밤낮을 보내셨습니다. 다만 물고기가 아닌 무덤에 삼켜지셨습니다. 그런 후에 승리를 거두셨습니다. 예수님은 두 번째 요나이지만 더 나은 요나이십니다. 우리는 원수였지만 그 때문에 용서받게 되었습니다.

알짬 교리 **99**

자비로우신 하나님

'자비'란 하나님의 긍휼을 가리키는 것으로, 죄의 형벌 같은 것을 유보하시는 하나님의 모습으로 종종 나타납니다(엡 2:4~5; 딛 3:5). 인간에게 자비와 은혜는 과분합니다. 하나님의 자비와 은혜를 얻기 위해 인간이 할 수 있는 일이 아무것도 없다는 의미에서 그렇습니다. 만약 그러한 것이 있다면, 자비나 은혜는 더 이상 값없는 선물이 아닐 것입니다.

YOUR STORY

하나님이 들려주시는 이야기는 오늘을 사는 나와 늘 연결되어 있습니다. 아래 질문에 답하면서 성경 이야기가 내 이야기와 어떻게 연결되는지 생각해 봅시다.

▸ 하나님의 뜻에 맞게 살도록 하나님은 당신을 어떻게 훈련하셨습니까?
  이 질문에 관한 대답은 다양할 것입니다.

▸ 만약 당신이 요나라면, 큰 물고기 배에 들어갔다 나온 후에 관점이 어떻게 달라졌을까요?
  이 질문에 관한 대답은 다양할 것입니다.

▸ 왜 요나는 니느웨 백성에게 주님의 말씀을 전하기를 꺼렸을까요? 요나처럼 하나님이 행하라고 하신 일을 못마땅하게 느낀 적이 있나요?
  이 질문에 관한 대답은 다양할 것입니다.

▸ 이 이야기에서 볼 때 당신은 요나에 가깝나요, 아니면 니느웨 백성에 가깝나요? 두 가지 입장에서 모두 배우는 것이 왜 중요할까요?
  이 질문에 관한 대답은 다양할 것입니다.

하나님의 이야기
하나님이 그분의 아들
예수 그리스도를 통해
우리를 구속해 주신 이야기

우리의 이야기
우리의 이야기가
하나님의 이야기와
만나는 곳

YOUR MISSION

생각

사실은 요나가 옳았습니다. 니느웨 사람들은 사악해서 처벌받아 마땅했습니다. 의심의 여지 없이, 지금도 하나님의 의로운 심판을 받아 마땅한 사람이 있고, 우리 또한 그렇습니다. 요나도 불순종으로 인해, 사공들도 우상 숭배로 인해 처벌받아 마땅했습니다. 요나가 경외했던 하나님은 은혜롭고 긍휼하신 분입니다. 우리는 왜 다른 사람의 괴로움을 보고 기뻐할까요? 자신이 은혜를 받을 때는 하나님의 은혜를 사랑하지만, 원수를 사랑하시는 하나님은 못마땅하기 때문입니다.

- 자신의 생활을 돌아보세요. 하나님이 다가가라고 하실 사람이 있나요? 그 사람을 피해 도망가고 있나요? 아니면 그 사람을 향해 달려가고 있나요?

  이 질문에 관한 대답은 다양할 것입니다.

- 하나님은 당신이 어떤 식으로 그 사람에게 하나님을 전하길 바라실까요?

  이 질문에 관한 대답은 다양할 것입니다.

마음

요나처럼, 우리는 마음에 오랫동안 지니고 살아온 선입견과 미움에 직면해야 합니다. 그것은 우리로 하여금 다른 사람에게 용서와 긍휼을 베풀지 못하게 합니다. 다른 사람에게 악의를 지니는 것은, 하나님이 주신 은혜를 진실로 이해하지 못했으며 충분히 경험하지 못했음을 보여 주는 것입니다.

- 하나님은 화내는 요나에게 하신 질문으로 요나가 무엇을 깨닫기를 원하셨을까요(욘 4:4)?

  이를 통해 하나님은 요나가 자기 마음속에 있는 인종적 편견을 검토하게 하셨습니다. 하나님은 이스라엘의 하나님만이 아니라 온 세계의 하나님이며 구원자이십니다.

- 하나님이 하셨거나, 허락하셨거나 요구하신 일로 인해 화가 났던 적이 있나요? 만약 주님이 왜 화를 내느냐고 물으신다면 어떻게 반응하겠습니까?

  이 질문에 관한 대답은 다양할 것입니다.

행동

하나님의 말씀을 전하라는 부르심을 받으면, 자신에게 그럴 자격이 없다고 생각하거나 두려움을 느낄 수 있습니다. 그런데 강한 도시 니느웨가 순종한 사건은 하나님의 말씀은 살아 있고 활력이 있어서 혼과 영을 찔러 쪼개기까지 할 수 있다는 사실을 보여 줍니다(히 4:12). 우리는 예수 그리스도의 복음 메시지에 담긴 내적 권세 덕분에 하나님의 말씀을 담대히 전할 수 있습니다.

- 요나의 단순한 메시지가 매우 효과적이었다는 사실이 놀랍습니까? 그렇다면 왜입니까? 그렇지 않다면, 왜 아닙니까?

  이 질문에 관한 대답은 다양할 것입니다.

- 이것은 하나님의 말씀의 권능에 관해 우리에게 무엇을 보여 줍니까?

  바울의 말처럼, 믿음은 하나님의 말씀을 들음에서 난다는 점을 보여 줍니다(롬 10:17).

다음 모임까지
시 131편; 138~139편; 143~145편을
읽어 보세요.

요엘,
너는 말하여라

요 약

선지자 요엘은 사람들에게 여호와의 날에 관해 경고했습니다. '여호와의 날'이란 하나님이 그분의 원수를 심판하고, 그분의 백성을 옹호하며, 세상을 회복시키시는 날입니다. 다가올 심판에 비추어 요엘은 유다 백성에게 회개를 촉구했습니다. 하나님의 영으로 회복된 신자로서 우리는 다른 사람들을 회개하게 하고, 주님의 이름을 부르는 자는 누구든지 구원받으리라는 복음을 전해야 할 사명을 받았습니다.

성 경

요엘 1장 1~14절; 2장 12~14, 18, 25~32절

HIS STORY

포 인 트	회개한다는 것은 우리 죄를 한탄하고 죄에서 떠나 하나님께 용서를 구하는 것을 포함한다.
등 장 인 물	삼위일체 하나님(성부, 성자, 성령) 요엘(말씀 선포 사역을 하고 요엘서를 기록한 선지자)
메시지 좌표	이 과에서는 선지자 요엘의 사역을 살펴볼 것입니다. 요엘은 하나님의 백성에게 '여호와의 날'에 관해 경고했습니다. 여호와의 날은 하나님이 그분의 원수를 심판하시고, 자기 백성을 위해 세상을 회복하시는 날입니다.

도입

메뚜기는 메뚜기목에 속하는 곤충입니다. 메뚜기는 대개 잘해야 호기심을 불러일으키지만 골칫거리가 되는 최악의 경우도 있습니다. 메뚜기가 나무줄기에 남겨 놓은 허물이 호기심을 갖게 하고, 종종 떼 지어서 크게 울 때는 골칫거리입니다.

그러나 때때로 메뚜기는 호기심이나 골칫거리 수준을 넘어섭니다. 조건만 맞으면, 메뚜기는 엄청나게 번식합니다. 떼 지어 움직이고 농작물을 순식간에 망쳐 놓습니다. 메뚜기는 꽤 먼 거리를 날아다니고 머문 곳마다 녹색식물을 몽땅 먹어 치웁니다.

고대부터 농부들은 메뚜기를 두려워했습니다. 해를 가릴 정도로 엄청나게 많은 곤충이 생계의 원천을 덮쳐서 먹어 대고 삶마저도 폐허를 만드는 동안 멍하니 앉아 있다고 상상해 보십시오. 이런 종류의 악몽으로 인해 메뚜기 떼를 과학적으로 감시하게 되었습니다. 이런 일이 초래할 수 있는 큰 피해를 막기 위해 사회는 무슨 일이든 합니다.

요엘 시대에는 그런 역할을 할 만한 관측소나 예방책이 없었습니다. 유다 백성들의 눈앞에서 밭이 황무해지고 있었습니다. 그러나 요엘 선지자는 메뚜기 떼가 불행한 상황 이상의 의미가 있음을 알도록 도왔습니다. 즉 떼 지어 다니는 이 곤충은 하나님의 손에 있는 심판의 도구였습니다. 백성들이 그들의 땅이 황무해져 가는 것을 지켜보며 앉아 있을 때, 요엘은 백성들이 그들의 죄를 보도록 할 뿐만 아니라, 현재 상황이 하나님의 준엄한 심판의 그늘일 뿐이라는 사실을 보도록 했습니다.

그러나 이때도, 즉 재앙과 기근으로 인한 암흑기에도 회복의 소망이 있었습니다. 하나님은 그때나 지금이나 그분의 백성에게 상기시켜 주십니다. 즉, 여호와의 날은 원수들에게는 심판의 날이면서 동시에 회개하고 주님을 믿은 사람들에게는 옹호와 구속의 날입니다.

▶   하나님을 향한 소망의 도움을 받아 삶의 힘든 시기를 극복했던 적이 있나요?

메뚜기가 다 먹어 치울 거야

우리는 선지자 요엘에 관해 잘 알지 못합니다. 그러나 그가 주님께 받아 선포한 메시지에는 죄가 지닌 끔찍한 속성에 관한 진리가 담겨 있다는 것은 압니다. 요엘의 시대에 전례 없는 재앙이 유다 땅을 덮쳤습니다. 요엘은 이 재앙이 불행이나 우연한 사건으로 치부되지 않기를 바랐습니다. 그것은 하

도입 선택

서너 명씩 조를 나누어, 다음 질문으로 토론하게 하십시오.

- *누군가에게 상처받은 마음이 있음을 알려 주는 징후로는 무엇이 있나요?*
- *상처받은 마음을 치유하기 위해 사람들은 무엇에 의지합니까?*

요엘은 옷을 찢는 상징적인 행동으로, 이스라엘 백성들이 단지 외적으로만 슬퍼하지 말고 마음을 찢음으로써 내적으로도 슬퍼하도록 했습니다. 즉, 자기 죄로 인해 마음 아파하기를 원했던 것입니다. 마찬가지로, 우리는 우리 죄를 봐야만 합니다. 하나님의 마음을 아프게 했던 것에 대해 아파한 후, 하나님께 돌이켜야 합니다.

연 대 표

요엘
JOEL
요엘이 여호와의 날에 관해 경고하다.

예레미야
JEREMIAH
하나님의 부르심과 임재가 사명의 걸림돌을 이겨 내게 하다.

새 언약
THE NEW COVENANT
하나님이 자기 백성 가운데 거하실 것을 약속하시다.

예루살렘의 몰락
THE FALL OF JERUSALEM
하나님의 백성이 완악해져서 몰락하다.

에스겔의 환상
EZEKIEL'S VISION
하나님은 죽은 자를 일으키실 수 있다.

포로로 유배 중에도 신실함
FAITHFUL IN EXILE
하나님의 백성이 거룩함을 추구할 때, 다른 이들이 주목한다.

나님의 심판이었기 때문입니다.

¹브두엘의 아들 요엘에게 임한 여호와의 말씀이라 ²늙은 자들아 너희는 이것을 들을지어다 땅의 모든 주민들아 너희는 귀를 기울일지어다 너희의 날에나 너희 조상들의 날에 이런 일이 있었느냐 ³너희는 이 일을 너희 자녀에게 말하고 너희 자녀는 자기 자녀에게 말하고 그 자녀는 후세에 말할 것이니라 ⁴팥중이가 남긴 것을 메뚜기가 먹고 메뚜기가 남긴 것을 느치가 먹고 느치가 남긴 것을 황충이 먹었도다 (욜 1:1~4)

하나님이 삶에 관여하신다는 사실이 주는 무시무시한 점은 때로는 끔찍한 일들이 하나님의 심판 결과로 일어난다는 것입니다. 요엘 시대 사람들은 그들이 처한 상황을 우연 탓으로 돌릴 수 없었습니다. 새들을 먹이시는 하나님은 메뚜기 떼를 감독하셨던 분과 동일하신 하나님입니다. 그러므로 요엘은 백성들에게 하나님의 관여에 비추어 그들이 경험하는 현실의 진상을 인식해야 한다고 했습니다. 그에 관한 마땅한 반응은 하나님의 심판을 초래한 그들 자신의 죄를 슬퍼하는 것임을 알아야 한다고 했습니다.

⁵취하는 자들아 너희는 깨어 울지어다 포도주를 마시는 자들아 너희는 울지어다 이는 단 포도주가 너희 입에서 끊어졌음이니 ⁶다른 한 민족이 내 땅에 올라왔음이로다 그들은 강하고 수가 많으며 그 이빨은 사자의 이빨 같고 그 어금니는 암사자의 어금니 같도다 ⁷그들이 내 포도나무를 멸하며 내 무화과나무를 긁어 말갛게 벗겨서 버리니 그 모든 가지가 하얗게 되었도다 ⁸너희는 처녀가 어렸을 때에 약혼한 남자로 말미암아 굵은 베로 동이고 애곡함 같이 할지어다 ⁹소제와 전제가 여호와의 성전에서 끊어졌고 여호와께 수종 드는 제사장은 슬퍼하도다 ¹⁰밭이 황무하고 토지가 마르니 곡식이 떨어지며 새 포도주가 말랐고 기름이 다하였도다 ¹¹농부들아 너희는 부끄러워할지어다 포도원을 가꾸는 자들아 곡할지어다 이는 밀과 보리 때문이라 밭의 소산이 다 없어졌음이로다 ¹²포도나무가 시들었고 무화과나무가 말랐으며 석류나무와 대추나무와 사과나무와 밭의 모든 나무가 다 시들었으니 이러므로 사람의 즐거움이 말랐도다 ¹³제사장들아 너희는 굵은 베로 동이고 슬피 울지어다 제단에 수종 드는 자들아 너희는 울지어다 내 하나님께 수종 드는 자들아 너희는 와서 굵은 베 옷을 입고 밤이 새도록 누울지어다 이는 소제와 전제를 너희 하나님의 성전에 드리지 못함이로다 ¹⁴너희는 금식일을 정하고 성회를 소집하여 장로들과 이 땅의 모든 주민들을 너희 하나님 여호와의 성전으로 모으고 여호와께 부르짖을지어다 (욜 1:5~14)

요엘은 백성들에게 엄청난 사실을 알려 주었습니다. 메뚜기 떼는 백성들이 자기 죄를 깨닫고, 주님께 돌아오도록 하기 위한 것이었습니다. 주님께 돌아오는 것의 시작은 죄에 합당한 슬픔을 감당하는 것입니다.

하나님이 메뚜기 떼를 경고로 보내셨다는 점이 놀랍습니까? 하나님이 메뚜기를 사용해 메시지를 보내신 이야기를 성경의 어느 곳에서 또 볼 수 있습니까?

그만 죄짓고 돌아와

우리는 종종 '회개하다'가 '멈추다'를 의미한다고 생각합니다. 그것이 외설적인 농담을 하는 것이든, 학교에서 시험 볼 때 부정행위를 하는 것이든, 이성과 부적절한 신체 접촉을 하는 것이든지 간에 이를 악물고 멈춰야 한다고 생각하는 것입니다. 그러나 회개에 관한 이런 해석은 성경적 사랑의 이미지를 놓치게 합니다. 회개하는 것은 돌이키는 것이지, 멈추는 것이 아닙니다.

돌이키는 것은 멈추는 것과는 다릅니다. 멈추는 것보다 더 넓은 개념입니다. 가던 길을 멈추어도 그 방향을 바라본 채 앉아 있을 수 있습니다. 죄의 행동을 멈추는 것이 중요하긴 하지만, 그것은 진정한 회개로 나아가는 중간 지점밖에는 안 됩니다. '회개하다'라는 것은 단순히 멈추는 것이 아닙니다. 멈추는 것으로는 충분하지 않기 때문입니다. 회개는 돌이키는 것입니다. 멈추지 않고 돌이킨다는 것은, 하고 있던 행동보다 더 나은 선택을 하는 것입니다. 달리 말하자면, 회개는 단지 어떤 것에서 멀어지는 것이 아닙니다. 어딘가를 향해 나아가는 것입니다.

요엘의 시대에 하나님은 백성들에게 죄짓기를 멈출 뿐 아니라, 기쁨과 만족의 유일한 참 근원이신 하나님께로 돌아오라고 말씀하셨습니다.

¹²여호와의 말씀에 너희는 이제라도 금식하고 울며 애통하고 마음을 다하여 내게로 돌아오라 하셨나니 ¹³너희는 옷을 찢지 말고 마음을 찢고 너희 하나님 여호와께로 돌아올지어다 그는 은혜로우시며 자비로우시며 노하기를 더디하시며 인애가 크시사 뜻을 돌이켜 재

앙을 내리지 아니하시나니 [14]주께서 혹시 마음과 뜻을 돌이키시고 그 뒤에 복을 내리사 너희 하나님 여호와께 소제와 전제를 드리게 하지 아니하실는지 누가 알겠느냐(욜 2:12~14)

요엘서 본문에서 우리는 진정으로 죄에서 돌이켜 하나님께 나아가는 것이 의미하는 바에 관해 두 가지 측면에서 살펴볼 수 있습니다.

첫째, 회개란 행동으로 표현되는 마음의 행위입니다. 본문에서 마음이 분명히 강조된 것을 알 수 있습니다. 요엘은 백성들에게 온 마음을 다해 하나님께 돌아오라고 요청하며, 옷만 찢지 말고 자기 마음을 찢어야 한다고 상기시켰습니다. 회개의 겉모습을 만들어 낼 수는 있습니다. 간단한 행동을 통해 죄에 대해 슬퍼하는 듯 보이게 할 수 있습니다. 반면 온 마음을 다한 참된 회개는 반드시 행동으로 나타나기 마련입니다. 성경은(특히 야고보서는) 참된 믿음의 결과는 늘 행동으로 나타난다고 강조합니다.

둘째, 회개는 은혜롭고 긍휼이 많으신 하나님이 받으십니다. 자신이 부당하게 대했던 사람에게 잘못을 인정하며 겸손히 다가가는 일에는 위험 요소가 따릅니다. 그가 어떻게 반응할지 알 수 없기 때문입니다. 따뜻하게 맞아 줄 수도 있지만, 비웃을 수도 있습니다. 화해를 원할 수도 있지만, 앙심을 품을 수도 있습니다. 본문에서 우리는 하나님께 돌이킬 때는 그런 위험이 없다는 것을 배울 수 있습니다.

하나님께 회개하러 나아갈 때, 우리는 주님의 반응을 염려할 필요가 없습니다. 주님은 용서하고 사랑하기를 참지 않으실 것입니다. 하나님은 우리가 주님의 자비를 받을 자격이 있음을 증명할 때까지 우리를 '영적 근신'에 처하게 하시는 분이 아닙니다. 오히려 주님께 나아오는 모든 이에게 자비와 은혜를 기꺼이 값없이 베푸시는 분입니다.

알짬 교리 99

회개

'회개'는 하나님의 은혜로운 구원의 부르심에 대한 응답입니다. 자기 죄에 대한 진정한 슬픔(눅 5:1~11), 자기 죄에서 돌이켜 그리스도께로 나아가는 것(행 26:15~20), 그리고 지속적인 변화와 변혁을 이루는 삶(시 119:57~60)을 수반합니다. 하나님의 중생 사역에 대응되는 인간의 행위이자, 회심의 인간적 측면이기도 합니다.

그날에 내 영을 부어 주리라

요엘 2장 18절을 기점으로 요엘 선지자의 메시지는 '회개를 요구하는 하나님의 부르심에 관한 것'에서 '하나님의 백성에게 약속된 회복을 고대하는 것'으로 전환됩니다.

> 그때에 여호와께서 자기의 땅을 극진히 사랑하시어 그의 백성을 불쌍히 여기실 것이라
> (욜 2:18)

본문은 당시 어떤 일이 있었는지 정확히 알려 주지 않지만, 일부 학자들은 요엘서 뒷부분의 분위기가 극적으로 바뀐다는 점에서 요엘이 전한 메시지를 백성들이 받아들였다고 믿습니다. 백성들이 회개했고, 땅에서 일어나는 주님의 긍휼을 보기 시작했습니다. 2장에서는 회복에 대한 하나님의 약속이 즉각적으로 성취되었음을 볼 수 있습니다. 또한 본문이 하나님의 영에 의한 훨씬 더 위대하고 지속적인 회복을 가리키고 있음을 알게 됩니다.

[25]내가 전에 너희에게 보낸 큰 군대 곧 메뚜기와 느치와 황충과 팥중이가 먹은 햇수대로 너희에게 갚아 주리니 [26]너희는 먹되 풍족히 먹고 너희에게 놀라운 일을 행하신 너희 하나님 여호와의 이름을 찬송할 것이라 내 백성이 영원히 수치를 당하지 아니하리로다 [27]그런즉 내가 이스라엘 가운데에 있어 너희 하나님 여호와가 되고 다른 이가 없는 줄을 너희가 알 것이라 내 백성이 영원히 수치를 당하지 아니하리로다 [28]그 후에 내가 내 영을 만민에게 부어 주리니 너희 자녀들이 장래 일을 말할 것이며 너희 늙은이는 꿈을 꾸며 너희 젊은이는 이상을 볼 것이며 [29]그때에 내가 또 내 영을 남종과 여종에게 부어 줄 것이며 [30]내가 이적을 하늘과 땅에 베풀리니 곧 피와 불과 연기 기둥이라 [31]여호와의 크고 두려운 날이 이르기 전에 해가 어두워지고 달이 핏빛같이 변하려니와 [32]누구든지 여호와의 이름을 부르는 자는 구원을 얻으리니 이는 나 여호와의 말대로 시온 산과 예루살렘에서 피할 자가 있을 것임이요 남은 자 중에 나 여호와의 부름을 받을 자가 있을 것임이니라 (욜 2:25~32)

그리스도와의 연결

오늘날 우리는 여호와의 날을 고대하면서, 인간의 죄에 관한 하나님의 인내가 영원히 지속되지 않을 것이라는 사실을 기억해야 합니다. 예수 그리스도의 복음 메시지를 어떻게 대했는지, 자신의 행동에 책임져야 할 날이 다가오고 있습니다.

오늘날 하나님의 심판에 관해 말하는 것은 인기가 없는 일이긴 하지만, 하나님의 심판은 피할 수 없는 실재입니다. 따라서 하나님의 사랑에 관해 말하기는 좋아하면서도 하나님의 죄 심판에 관해 말하는 것은 주저하는 그리스도인이 되어서는 안 됩니다. 성령의 은사를 깊이 들이마시면서도 주변 사람들에게 심판을 피할 길을 알려 주지 않는 인색한 사람이 되어서는 안 됩니다. 여호와의 날 동안에도 피할 길은 있습니다. 그러니 주변 사람들에게 이 메시지를 적극적으로 전해야 합니다.

YOUR STORY

하나님이 들려주시는 이야기는 오늘을 사는 나와 늘 연결되어 있습니다. 아래 질문에 답하면서 성경 이야기가 내 이야기와 어떻게 연결되는지 생각해 봅시다.

▶ **죄를 슬퍼한다는 것은 어떤 의미입니까?**
 죄의 실재에 관해 마음이 아파서 행동의 변화가 뒤따르는 것을 의미합니다. 만약 누군가가 부모님에게 거짓말한 것이나 학교에서 부정행위를 한 것에 대해 진정으로 마음 아파한다면, 마음속에서 죄의 부담을 느낄 뿐만 아니라 행동을 통해서도 회개를 드러낼 것입니다.

▶ **죄의 결과에 대해 슬퍼하는 것과 죄 자체를 슬퍼하는 것에는 어떤 차이가 있습니까?**
 죄의 결과에 대해 슬퍼하는 것은 죄로 인해 생겨난 결과에 마음이 상하는 것을 의미합니다. 그러나 이것은 하나님께 대한 불순종과 죄의 현실에 대해 슬퍼하는 것과는 다릅니다.

▶ **슬픔이라는 감정에 동반되는 행동에는 어떤 깃들이 있나요? 오늘날 우리는 죄에 관한 슬픔을 어떤 행동으로 표현합니까?**
 그들은 그들의 옷을 찢고, 성전에 모여 하나님께 부르짖었습니다. 오늘날 우리는 금식이나 기도, 절제된 생활 등을 할 수 있습니다.

▶ **마음과 행동으로 회개하는 것이 왜 중요할까요?**
 회개는 옷을 찢거나 금식하는 것 같은 행동으로만 드러나는 것이 아니라, 옛 습관과 태도에서 돌아서는 것, 그동안 잘못 대해 왔던 사람들에게 적극적으로 용서를 구하는 것, 마음속 깊이 일어난 변화에 맞게 삶의 양식을 변화하는 것으로도 드러날 수 있습니다.

하나님의 이야기
하나님이 그분의 아들
예수 그리스도를 통해
우리를 구속해 주신 이야기

우리의 이야기
우리의 이야기가
하나님의 이야기와
만나는 곳

YOUR MISSION

생 각

요엘 1장 1~14절은 창조 세계를 다스리시는 하나님의 통치가 수동적이지 않고, 삶의 가장 세밀한 것까지 적극적으로 간섭하심을 보여 줍니다. 이후에 예수님이 마태복음 6장 25~26절에서 제자들에게 염려하지 말라고 명령하실 때, 이러한 진리의 긍정적인 면을 표현하십니다. 믿는 자가 염려하지 않을 수 있는 것은 우리의 태도나 인격 때문이 아니라 하나님이 삶의 모든 세밀한 점까지 깊이 간섭하심을 알기 때문입니다.

- **자기 삶 가운데 하나님이 활동하시는 것을 경험한 적이 있나요?**
  이 질문에 관한 대답은 다양할 것입니다.

- **하나님의 임재를 '느끼지' 못할 때, 하나님이 삶의 작은 부분까지도 간섭하신다는 진리가 어떻게 도움이 될까요?**
  그리스도인은 누구나 하나님의 임재나 가까이 계심을 느끼지 못하고 지날 때가 있습니다. 이런 때에 그리스도인은 감정이 항상 옳은 것은 아니며 잘못된 사고방식에 이끌려 갈 수 있다는 사실을 생각해야 합니다. 성경의 진리에 따르면, 하나님을 '느끼든지' 못 느끼든지 하나님은 항상 가까이 계십니다.

마 음

요엘 시대 이스라엘 백성들의 죄처럼, 우리 죄도 실제적이고 비통한 결과를 초래합니다. 그런데 죄의 결과에 대해 슬퍼하는 것과, 죄 자체를 슬퍼하는 것은 다릅니다. 전자는 우리를 후자로 나아가게 합니다. 죄를 슬퍼해야 하는 가장 큰 이유는 그것이 우리 삶에 행해졌기 때문이 아니라 하나님의 마음과 영광에 행해졌기 때문입니다.

- **하나님은 우리가 삶 가운데 짓는 죄를 보며 어떻게 생각하실까요?**
  이 질문에 관한 대답은 다양할 것입니다.

- **우리를 사랑하는 사람들에게 우리의 죄는 어떻게 받아들여질까요?**
  우리 마음은 우리가 소중하게 여기는 것과 결부되어 있기 때문에, 우리가 어디에 헌신하는지 알기 위해서는 무엇을(또는 누구를) 소중하게 여기는지 살펴볼 필요가 있습니다.

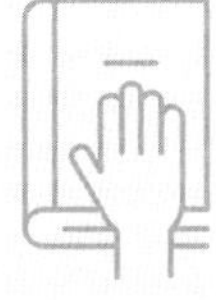

행 동

하나님은 모든 족속, 방언, 민족의 사람들을 찾으십니다. 복음에 충분히 표현된 하나님의 은혜로운 성품을 알기 위해 다가오는 사람들을 맞이할 준비가 되어 있으십니다. 예수 그리스도의 죽음과 부활은 하나님의 은혜와 자비를 최종적으로 선언합니다. 아들의 희생을 통해 분명하게 드러난 하나님의 모습은 팔을 활짝 벌리고 기다리고 계시며 하나님께로 기꺼이 회개하고 돌아오는 모든 자를 초대하시는 분이라는 것입니다.

> 다음 모임까지
> 시 111~118편;
> 왕상 1~2장; 시 37편;
> 71편; 94편을
> 읽어 보세요.

- **회개하는 마음과 회개에 따른 행동을 모두 갖는 것이 중요한 이유는 무엇일까요?**
  학생들이 어떤 제안을 내더라도, 전해야 하는 진리가 중요한 만큼 말투나 동기도 중요하다는 점을 학생들에게 알려 주는 것이 중요합니다.

- **왜 많은 그리스도인이 하나님의 심판에 관해 말하는 것을 부담스럽게 여길까요?**
  이 질문에 관한 대답은 다양할 것입니다.

예레미야, 내 말을 전하여라

요약

예레미야는 태어나기도 전부터 하나님의 선지자로 부름받았습니다. 그의 예언은 백성들이 듣고 싶어 하는 내용과 정반대였기 때문에, 예레미야는 반대와 핍박에 직면했습니다. 그러나 이러한 난관에도 불구하고, 예레미야는 하나님의 부르심에 신실했습니다. 예레미야의 슬픔에서 하나님의 선한 마음을 볼 수 있습니다. 그 마음은 예루살렘의 회개하지 않는 백성들을 보고 우셨던 예수님에게서 가장 잘 표현되었습니다. 이 과에서 우리는 주님의 메시지를 전하라고 우리를 부르신 하나님이 그 사명을 감당할 힘도 주신다는 사실을 배울 수 있습니다.

성 경

예레미야 1장 4~10절

HIS STORY

포 인 트	하나님은 택하신 자들이 그분의 이름으로 섬길 수 있도록 준비시키신다.

등 장 인 물

삼위일체 하나님(성부, 성자, 성령)
예레미야(유다와 예루살렘에 대한 하나님의 심판을 거듭 선포했던 선지자이지만, 또한 소망의 선지자이기도 함)

메시지 좌표

다음으로 살펴볼 선지자는 예레미야입니다. 예레미야는 태어나기 전부터 하나님의 선지자로 부름받았습니다. 예레미야는 백성들이 듣고 싶은 것과는 정반대 내용을 예언했기 때문에 반대와 핍박에 부딪혀야만 했습니다. 그러나 이러한 난관에도 불구하고 예레미야는 하나님의 부르심에 신실했습니다. 우리는 예레미야의 이야기에서 주님의 메시지를 전하라고 우리를 부르신 하나님이 그 사명을 감당할 힘도 주신다는 사실을 배울 수 있습니다.

도 입

친한 친구가 생일 파티를 하는데, 그가 원하는 선물은 직접 만든 특별 케이크뿐이라고 상상해 보십시오. 사랑하는 친구를 위해 이 선물을 꼭 만들어 주고 싶지만, 계량스푼을 사용해 밀가루의 양을 재 본 적도 없고, 버터나 초콜릿을 녹여 본 적도 없습니다. 도움이 될 만한 것은 완성된 생일 케이크 사진뿐입니다. 준비 과정인 '0단계'에서부터 최종 완성 단계까지 모두 거쳐야만 이 케이크를 만들 수 있습니다.

또는 야구를 해 본 적이 없는데, 선발 유격수로 뛰어야 하는 상황을 상상해 보십시오. 아니면 피아노 연주를 배워 본 적이 없는데, 클래식 피아노 연주회를 해야 하는 상황을 상상해 보십시오.

주어진 임무를 수행하기 위해서는 그 임무가 무엇인지를 알아야 할 뿐만 아니라, 제대로 준비되어 있어야 합니다. 마찬가지로 부름받은 일을 감당하기 위해서는 그에 맞는 장비와 제대로 된 훈련이 필요합니다.

어떤 이들은 우리 삶을 위한 하나님의 뜻을 따르는 일의 의미를 생각하면서 이와 같은 종류의 두려움을 느낍니다. 우리는 세상의 빛과 소금으로 부름받았습니다. 세상에 물들지 않으면서도 세상을 사랑하고, 발이 닿는 곳마다 예수 그리스도의 복음을 전하는 자가 되기 위해서입니다. 이것은 우주에서 가장 위대한 사명입니다. 그러므로 그처럼 엄청난 목적을 수행하기에는 자신이 준비되어 있지 않다고 느낄 수 있습니다.

예레미야도 그렇게 느꼈습니다. 그러나 하나님의 선지자인 그는 주님은 선택하신 자를 아무런 준비도 되지 않은 상태로 버려두지 않으신다는 것을 배웠습니다. 우리도 이것을 배울 것입니다. 하나님은 선택하신 자들이 그분의 이름을 섬기도록 준비시키십니다.

▶ 어떤 일을 요청받을 때 자신이 준비되어 있지 않은 것을 느낀 적이 있습니까? 그때 어떻게 반응했습니까?

네가 태어나기 전부터 너를 불렀단다

예레미야가 태어나기 전에 유다 왕국은 두 초강대국 사이에 끼어 있었습니다. 작은 왕국인 유다는 이집트와 아시리아 사이에 놓여 있었고, 지난 수백 년 동안 아시리아는 온 나라를 점령하고 있었습니다. 어떠한 반란 시도도 다 진압되었습니다. 북이스라엘은 반역을 시도했다가 황폐해졌고 백성들은 추방되었습니다. 왕국으로서의 이스라엘 존재가 그 지역 깡패에 의해 끝나고 말았습니다.

유다 왕국에서는 요시야왕이 8살에 권좌에 올랐습니다. 그는 20살이 되자 나라 전체를 개혁하기 시작했습니다. 멀리 흩어져 있던 백성들에게 하나님께 돌아오고, 그들의 우상을 파괴하라고 명령했습니다. 예레미야는 이처럼 영적 각성이 있던 때 부름받아 예언과 설교를 시작했습니다.

⁴여호와의 말씀이 내게 임하니라 이르시되 ⁵내가 너를 모태에 짓기 전에 너를 알았고 네가 배에서 나오기 전에 너를 성별하였고 너를 여러 나라의 선지자로 세웠노라 하시기로(렘 1:4~5)

예레미야 1장 4~5절은 짧지만, 하나님의 성품과 권능에 대한 강력한 통찰을 제공합니다. 때로는 그리스도인들조차 자신을 피해자로 여기는 경향이 있습니다. 그러나 성경이 하나님에 관해 말하는 바를 정말로 믿는다면, 하나님이 뜻 가운데 우리를 지으셨고, 주님의 뜻을 성취하도록 우리를 부르신다는 사실을 받아들여야 합니다.

첫째, 하나님은 적극적으로 우리를 지으십니다. 하나님은 예레미야가 이러한 목적을 위해 의도적으로 계획되었음을, 즉 하나님의 선지자로 구별되었음을 상기시켜 주셨습니다. 비록 하나님은 예레미야가 그 특정한 시간과 장소에서 선지자가 되도록 구체적으로 의도하셨더라도, 하나님의 의도적인 지으심은 예레미야에게만 국한되지 않습니다. 주님은 남녀노소를 불문하고 모두의 탄생에 적극적으로 관여하십니다.

둘째, 하나님은 적극적으로 부르십니다. 하나님은 예레미야를 모태에서 지으셨습니다. 이것은 예레미야가 앞으로 선지자적 사명을 감당하는 데에 필요한 신체적 및 감성적 잠재성을 그에게 의도적으로 주셨음을 의미합니다. 하나님은 우리를 모태에서 지으시고 우리가 보기에 적합한 대로 살도록 내버려두실 뿐만 아니라, 예레미야를 부르셨던 것처럼 적극적으로 우리를 부르십니다.

예레미야가 걷고, 말하고, 자기 생각을 완벽하게 표현할 수 있기 오래전부터 하나님은 그를 열방을 위한 선지자로 구별하셨습니다. 하나님은 예레미야에게 임무를 주시기 전에 처음부터 그의 인생을 계획하고 계셨음을 알게 하셨습니다. 하나님은 목적을 가지고 그를 지으셨고, 그분의 뜻을 이룰 수 있도록 미리 계획하신 사명을 주어 세상으로 보내셨습니다.

하나님은 뜻 가운데 우리를 지으셨고, 세상을 위한 그분의 계획을 성취하기 위해 우리를 부르셨습니다. 이러한 점은 하나님의 성품에 관해 무엇을 말해 줍니까? 우리 삶의 목적은 무엇입니까?

저는 말을 잘 못하는데요?

하나님이 자신을 지으시고 부르셨다는 사실을 알았지만, 예레미야는 여전히 사명을 맡기를 주저했습니다. 그는 주님의 사자로서 주저하던 첫 번째 사람이 아니었고, 또한 마지막 사람도 아닐 것입니다. 그런데 많은 이들이 그랬던 것처럼 항변할 때 그는 초점을 잘못 맞추었습니다.

⁶내가 이르되 슬프도소이다 주 여호와여 보소서 나는 아이라 말할 줄을 알지 못하나이다 하니 ⁷여호와께서 내게 이르시되 너는 아이라 말하지 말고 내가 너를 누구에게 보내든지 너는 가며 내가 네게 무엇을 명령하든지 너는 말할지니라 ⁸너는 그들 때문에 두려워하지 말라 내가 너와 함께하여 너를 구원하리라 나 여호와의 말이니라 하시고(렘 1:6~8)

예레미야의 초점이 어디에 있었는지를 여러분은 아십니까? 그는 자기 자신, 즉 자신의 약점과 제한된 능력과 경험 부족에 초점을 두었습니다. 이러한 점은 모세와 다르지 않습니다. 모세는 사명을 주시는 하나님께 자기는 말을 잘하지 못하므로 이스라엘 백성이 자기 말을 듣지 않을 것이라고 항변했습니다.

하나님은 모세에게 그러셨던 것처럼, 예레미야의 항변에도 정면으로 반박하지 않으셨습니다. 하나님은 말할 줄 모른다는 그의 말을 부인하지 않으셨고, '너는 네가 생각하는 것보다 더 성숙하단다' 하고 격려해 주지도 않으셨습니다. 그 대신, 예레미야가 가장 먼저 봐야 할 대상에게 시선을 돌리게 하셨습

예레미야가 보기에 상황은 더 악화되어 갔습니다. 요시야가 이집트와의 전투에서 죽은 후에도 예레미야는 계속해서 회개의 필요성을 선포했고, 장차 나라가 몰락할 것이며 백성이 유배되리라고 예언했습니다. 그는 백성들 앞에 소의 멍에를 지고 나타나기도 했습니다. 그의 메시지는 거듭 거부되었지만, 그는 끈질기게 선포했습니다. 사실, 그의 메시지는 개인적으로 그의 감정을 아주 자극하는 것이어서, 그는 메시지를 전하면서 자주 울었고, 이로 인해 그는 역사상 '눈물의 선지자'로 기억되고 있습니다.

니다. 그 대상은 예레미야 자신이 아니라 바로 하나님이셨습니다.

예레미야는 잘못 생각하고 있었습니다. 즉 하나님의 부르심에 필요한 것은 예레미야의 준비나 능력이 아니라, 하나님의 준비와 능력이었습니다. 그리고 여호와께서는 이미 모든 것을 갖추고 계셨습니다.

마찬가지로, 하나님의 부르심은 우리가 누구인지와 우리의 능력이 무엇인지에 관한 문제가 아닙니다. 그것은 주님의 임재에 관한 문제입니다. 하나님이 임재하시면 사명을 가로막는 장애물들을 극복할 수 있기 때문입니다.

그러나 여기서 분명히 해야 할 것이 있습니다. 하나님이 예레미야와 함께하셨다고 해서, 우리도 하나님이 함께하시기만 하면 사명을 성공적으로 감당할 수 있다는 뜻은 아니라는 것입니다. 그것은 '성공이란 무엇인가'를 어떻게 정의하는가에 달려 있습니다

예레미야의 경우, 그는 요시야왕의 개혁을 추진하기 위해 온 나라를 다니며 선포했습니다. 그는 반대에 부딪혔고, 백성들로부터 배신자로 낙인 찍히기도 했습니다. 요시야가 백성들을 위해 하나님과 맺었던 새로운 약속들은 도입되자마자 거의 깨졌습니다.

외관상, 그가 하는 일은 아무리 해도 성공할 것 같지 않은 그런 사명이었습니다. 그러나 하나님은 결과보다는 신실함으로 성공 여부를 가리십니다. 하나님이 전하라고 하신 말씀을 하나님이 부르신 사람에게 신실하게 전한다면, 그 선교는 성공적이라고 할 수 있습니다. 주님께 신실했기 때문입니다.

> '성공'이 무엇이라고 생각합니까? 이는 하나님의 관점과 어떻게 다릅니까?
> 성공에 관한 정의를 하나님의 관점에 맞추려면 어떻게 해야 할까요?

내가 내 말을 네 입에 두었단다

예레미야가 지음을 받고 파송을 받은 것에는 하나님의 의도가 있었습니다. 그는 보냄을 받았고, 하나님은 그와 함께하셨습니다. 그런 후에 하나님은 메시지를 그에게 주셨습니다.

[9]여호와께서 그의 손을 내밀어 내 입에 대시며 여호와께서 내게 이르시되 보라 내가 내 말

을 네 입에 두었노라 ¹⁰보라 내가 오늘 너를 여러 나라와 여러 왕국 위에 세워 네가 그것들을 뽑고 파괴하며 파멸하고 넘어뜨리며 건설하고 심게 하였느니라 하시니라(렘 1:9~10)

'주님이 이렇게 말씀하신다'라고 말할 수 있는 특권이 예레미야에게 주어졌습니다. 예레미야는 온 나라에 전할 하나님의 말씀을 받았습니다. 그 말씀에는 힘이 있었습니다. 예레미야의 메시지는 공허한 수사가 되지 않을 것이며, 그것을 주시는 분으로 인해 강력한 힘을 갖게 될 것입니다. 미래에 그의 삶에 어떤 일이 일어난다고 해도, 이 선지자는 자신이 하나님의 말씀을 전하고 있음을 알 것이며, 그 덕분에 하나님의 말씀에 의지할 수 있을 것입니다.

이러한 경험을 예레미야만 한 것은 아니었습니다. 구약에는 백성들을 위한 구체적인 메시지를 받았던 하나님의 선지자들에 관한 이야기가 가득합니다. 그들은 백성들을 뿌리째 뽑아 해체하고, 파괴하여 허물며, 건설하고 심기 위한 하나님의 대변자였습니다. 예레미야처럼 하나님의 사자들은 자신의 의견을 말하기 위해서가 아니라, 하나님의 말씀을 당대의 문화에 권위 있게 전달하기 위해 준비되어 있었습니다.

성경은 변함없이 살아 있는 하나님의 말씀입니다. 하나님은 우리에게 땅끝까지 복음을 전하라는 사명을 주셨을 뿐만 아니라 또한 전할 메시지도 주셨습니다. 예레미야의 입술에 하나님의 선포가 있었던 것과 마찬가지로, 우리도 또한 하나님의 말씀과 친밀해야 합니다. 그래서 일상 대화에서도 우리의 언어에 하나님의 말씀으로 가득해야 합니다. 그러나 이런 일이 일어나기 위해서는 말씀을 알아야 하고, 말씀을 전해야만 합니다.

그리스도와의 연결

예레미야는 다른 시기의 또 다른 선지자를 떠올리게 합니다. 주의 말씀을 들어야 할 백성들을 훨씬 더 깊이 생각하셨던 분 말입니다. 주의 말씀을 알지 못한 채 회개하지도 않는 백성을 향해 울며 그들이 하나님께 돌아오기를 전심으로 열망하셨던 분 말입니다. 예레미야 시대에 하나님이 백성들을 찾으셨듯이 예수님도 그들 때문에 비탄에 잠기심으로써 하나님의 깊은 마음을 보여 주셨습니다. "예루살렘아 예루살렘아 선지자들을 죽이고 네게 파송된 자들을 돌로 치는 자여 암탉이 그 새끼를 날개 아래에 모음같이 내가 네 자녀를 모으려 한 일이 몇 번이더냐 그러나 너희가 원하지 아니하였도다 보라 너희 집이 황폐하여 버려진 바 되리라 내가 너희에게 이르노니 이제부터 너희는 찬송하리로다 주의 이름으로 오시는 이여 할 때까지 나를 보지 못하리라 하시니라"(마 23:37~39).

예수님을 따르길 원한다면, 어떤 대가를 치르더라도 하나님의 부르심에 신실해야 합니다. 나아가 주변 사람들에게 복음을 전하러 다가갈 때, 하나님의 마음으로 할 수 있도록 기도해야만 합니다.

알짬 교리 99

전도

모든 민족을 제자로 삼는 것은 모든 그리스도인과 모든 교회의 의무이자 특권입니다. 하나님의 성령으로 영이 거듭났다는 것은 다른 사람들을 사랑하는 사람으로 거듭났다는 뜻입니다. 따라서 모든 이를 향한 선교적 노력은 거듭난 생명의 영적 필요에 달려 있으며, 그리스도의 가르침 속에 분명히 그리고 반복적으로 나타나는 명령입니다. 주 예수 그리스도께서는 모든 민족에 복음을 전할 것을 명하셨습니다. 그리스도인의 삶의 모습을 눈앞에 보여 주고, 말로 증언함으로써, 잃어버린 자들을 그리스도께 인도하고자 끝없이 노력하는 것은 모든 하나님의 자녀에게 주어진 의무입니다.

YOUR STORY

하나님이 들려주시는 이야기는 오늘을 사는 나와 늘 연결되어 있습니다. 아래 질문에 답하면서 성경 이야기가 내 이야기와 어떻게 연결되는지 생각해 봅시다.

▶ 하나님이 우리 삶에 목적과 계획을 갖고 계시다는 사실을 얼마나 자주 생각하나요? 이런 생각을 자주 하면 일상생활에 임하는 방식이 어떻게 달라질까요?
이 질문에 관한 대답은 다양할 것입니다.

▶ 예레미야가 '눈물의 선지자'로 불리고, 예수님이 예루살렘의 상태를 보고 우셨다는 사실은 하나님을 알지 못하는 사람들을 바라보는 관점에 관해 무엇을 가르쳐 줍니까? 이번 과가 비그리스도인을 바라보는 당신의 관점에 어떤 영향을 미쳤습니까?
이 질문에 관한 대답은 다양할 것입니다.

▶ 하나님이 주신 사명을 위해 살려면, 자기 자신이 아닌 하나님께 초점을 맞춰야 하는 이유는 무엇입니까? 초점을 잘못 맞추면 어떤 일이 벌어질까요?
이 질문에 관한 대답은 다양할 것입니다.

▶ 복음을 전하는 사자가 되는 데 어떤 걸림돌이 있나요? 하나님의 영원한 임재를 기억하는 것은 복음을 전하는 데 어떤 도움이 될까요?
이 질문에 관한 대답은 다양할 것입니다.

하나님의 이야기
하나님이 그분의 아들
예수 그리스도를 통해
우리를 구속해 주신 이야기

우리의 이야기
우리의 이야기가
하나님의 이야기와
만나는 곳

YOUR MISSION

 **생 각**

본문은 우리가 세포와 조직으로 뒤죽박죽 지어진 존재 이상임을 알려 줍니다. 하나님이 인간의 삶에 적극적으로 간섭하신다면, 모든 인간의 삶은 내적인 가치가 있습니다. 우리는 자기 자신과 자녀와 후손을 생각할 때 똑같은 반응을 보여야 합니다. 복잡한 인간의 존재와 삶은 그 자체가 하나님의 실재와 영광을 가리키는 표지판입니다.

- 하나님이 모든 사람에게 역사하신다는 것을 제대로 깨닫지 못했음을 보여 주는 모습에는 어떤 것들이 있을까요?

  인종 차별, 편견, 낙태 등을 들 수 있습니다.

- 하나님이 우리를 지으셨다는 사실을 진심으로 깨달으면, 자기 자신과 다른 사람을 보는 관점이 어떻게 달라질까요?

  이러한 진리를 완전히 깨달으면, 사람을 하나님의 형상으로 창조됨으로써 고유한 가치, 즉 존엄성을 가진 존재로 바라보고 대하게 됩니다.

 **마 음**

지금은 그 어느 때보다 하나님의 말씀에 쉽게 접근할 수 있습니다. 그러나 하나님의 말씀이 실제로 뜻하는 바를 잘 모르는 경우가 많습니다. 예수님을 따르기 원한다면, 말씀의 사람이 되어야 합니다. 말씀을 조심히 다루고, 아끼고, 사랑하며, 기억해야 합니다. 그렇게 할 때, 하나님의 말씀이 우리 안에 거하심을 알게 될 것입니다. 말씀이 우리 안에 자리 잡으면, 자연스럽게 말씀이 흘러나오게 될 것입니다.

- 하나님의 말씀에 관한 사랑과 지식을 키우기 위해 들이고 있는 습관이 있나요?

  성경 암송, 꾸준한 성경 공부 등이 포함될 수 있습니다.

- 이러한 습관을 들이지 못하게 방해하는 것들은 무엇입니까?

  이 질문에 관한 대답은 다양할 것입니다.

 **행 동**

하나님의 말씀을 알고 난 다음에는 말씀을 적극적으로 선포해야 합니다. 사람들에게 거부당할 수도 있지만, 그럼에도 우리는 하나님의 말씀을 적극적으로 전해야 합니다.

- 하나님의 진리를 다른 사람들에게 전하지 못하게 막는 걸림돌은 무엇입니까?

  이 질문에 관한 대답은 다양할 것입니다.

- 하나님이 예레미야를 부르신 이야기는 다른 사람들에게 진리를 전하는 임무를 수행하는 데 어떻게 위로가 됩니까?

  예레미야에게 그러셨던 것처럼 하나님이 우리에게도 임하실 것이라는 사실에 힘을 얻게 됩니다.

> 다음 모임까지
> 시 119:1~88;
> 왕상 3~4장; 대하 1장;
> 시 72편을
> 읽어 보세요.

예레미야,
희망을 선포해라

요 약

이 과에서는 인간의 마음이 지독히도 사악해서 바뀌어야 할 지경에 이르렀음을 보게 됩니다. 그 누구도 율법에 온전히 순종할 수 없기에, 하나님은 새 언약을 약속하셨고 그것을 돌이나 양피지가 아닌 백성의 마음에 쓰셨습니다. 장차 예수님이 오실 것이라는 새 약속이 성취되었음을 복음서에서 확인할 수 있습니다. 복음서에 의하면, 하나님은 우리 마음에 율법을 쓰실 뿐 아니라 모든 믿는 자에게 임하시는 성령의 은사도 주십니다.

성 경

예레미야 17장 1~10절; 31장 31~34절

HIS STORY

포 인 트	하나님은 우리 마음에 율법을 쓰실 것과 성령을 우리 안에 거하게 하실 것을 약속하신다.

등 장 인 물

삼위일체 하나님(성부, 성자, 성령)

예레미야(유다와 예루살렘에 대한 하나님의 심판을 거듭 선포했던 선지자이지만, 또한 소망의 선지자이기도 함)

메시지 좌표

이 과에서 우리는 하나님이 자기 백성과 세우실 새 언약을 예레미야로 하여금 어렴풋이 보게 하셨다는 사실을 알게 됩니다. 이 세상 누구도 율법에 온전히 순종할 수 없으므로 하나님은 새 언약을 약속하셨습니다. 새 언약은 돌이나 양피지가 아니라, 백성들의 마음에 쓰일 것입니다. 하나님은 율법을 우리 마음에 쓰실 뿐만 아니라, 모든 신자에게 거하실 성령을 선물로 주시어 우리가 하나님의 길을 갈 수 있도록 도우십니다.

도입 5~10분

강낭콩, 당근, 브로콜리 같은 채소들 때문에 부모와 말다툼한 적이 있나요? 아이들은 채소 때문에 종종 부모와 말다툼을 합니다. 부모와 자녀에게 채소 먹기는 일종의 의지력 테스트입니다. 누구의 의지가 더 강하냐에 따라 채소를 먹거나 먹지 않게 되기 때문입니다. 대부분 부모가 명령하면 자녀들이 먹기는 먹는데 억지로 조금 삼키는 정도입니다. 그런데 만약 이런 상황이라면 어떨까요? 부모가 "채소를 먹으렴" 하는 대신 "채소를 사랑하렴" 하고 말씀하셨다면요? 아마 대화가 달라질 것입니다. 순종할 수 없는 명령을 주셨기 때문입니다. 부모 말씀에 순종하려면 억지로 삼키는 것만으로는 충분하지 않습니다. 이를 위해서는 마음의 변화가 필요합니다.

이런 일이 비슷한 방식으로 복음에서도 일어납니다. 하나님은 마음과 뜻과 힘을 다해 하나님을 사랑하라고 명령하실 뿐만 아니라 그렇게 할 수 있는 새 마음도 주십니다. 예레미야는 이러한 일이 실제로 일어날 그날에 관해 예언했습니다.

▶ '순종하는 모습을 보이라'라는 명령과 '마음으로도 순종하라'라는 명령은 어떤 차이점이 있습니까?

▶ 왜 하나님은 순종에 관한 열망과 태도를 중요하게 여기실까요?

죄의 DNA가 있으니 죄인이야

예레미야는 역사적 음모가 벌어지던 시기에 예언했습니다. 아시리아와 이집트가 지역에서 패권을 다투고 있었습니다. 유다는 풍전등화와도 같은 상황에 처해 있었습니다. 백성들은 나라 밖의 위협을 가장 큰 문제로 인식하고 있었지만, 예레미야는 그들이 정말로 두려워해야 할 대상은 그보다 훨씬 더 가까이에 있음을 들추어냈습니다. 그것은 그들 마음속에 있는 죄였습니다.

> [1]유다의 죄는 금강석 끝 철필로 기록되되 그들의 마음 판과 그들의 제단 뿔에 새겨졌거늘 [2]그들의 자녀가 높은 언덕 위 푸른 나무 곁에 있는 그 제단들과 아세라들을 생각하도다 [3]들에 있는 나의 산아 네 온 영토의 죄로 말미암아 내가 네 재산과 네 모든 보물과 산당들로 노략을 당하게 하리니 [4]내가 네게 준 네 기업에서 네 손을 뗄 것이며 또 내가 너로 하여

금 너의 알지 못하는 땅에서 네 원수를 섬기게 하리니 이는 너희가 내 노를 맹렬하게 하여 영원히 타는 불을 일으켰음이라(렘 17:1~4)

본문 속 주님의 말씀은 절망적입니다. 예나 지금이나 우리 상황이 얼마나 절망적인지를 깨닫게 합니다. 유다 백성처럼 우리도 외부에서 위험 요소를 찾으려는 유혹을 받기에 문화를 보고, 변화하는 가치관을 보고, 전 세계의 대적자들을 봅니다. 그러나 무엇보다도 가장 먼저 자기 자신을 돌아봐야 합니다. 죄가 마음 '판에 새겨져 있기' 때문입니다. 창세기 3장의 에덴동산 사건 이후로 계속 이런 식이었습니다.

성경 이야기의 처음으로 돌아가 보면, 에덴동산에서는 모든 것이 선하고 옳았습니다. 그러나 거짓말쟁이가 나타나 하나님의 말씀을 왜곡시켰습니다. 인간은 그의 거짓말을 믿었고, 창조주의 사랑의 통치에서 벗어나 살기로 선택했습니다. 그러자 세상이 근본적으로 달라졌습니다. 죄가 세상에 들어왔고, 그 영향은 파괴적이었습니다.

죄는 행동이라기보다는 상태라는 사실을 놓치지 말아야 합니다. 하나님의 계시된 뜻에 어긋나는 행동을 하는 것은 죄입니다. 그러나 우리가 그렇게 행동하는 것은 우리 안에 죄성이 있기 때문입니다. 간단히 말해서 죄를 지어서 죄인이 되는 것이 아니라 죄인이기 때문에 죄를 짓는다는 것입니다. 이것은 유전입니다. 인류의 부모로부터 내려온 영적인 의미에서 죄성의 DNA를 물려받은 것입니다.

⁵여호와께서 이와 같이 말씀하시니라 무릇 사람을 믿으며 육신으로 그의 힘을 삼고 마음이 여호와에게서 떠난 그 사람은 저주를 받을 것이라 ⁶그는 사막의 떨기나무 같아서 좋은 일이 오는 것을 보지 못하고 광야 간조한 곳, 건건한 땅, 사람이 살지 않는 땅에 살리라 ⁷그러나 무릇 여호와를 의지하며 여호와를 의뢰하는 그 사람은 복을 받을 것이라 ⁸그는 물가에 심어진 나무가 그 뿌리를 강변에 뻗치고 더위가 올지라도 두려워하지 아니하며 그 잎이 청청하며 가무는 해에도 걱정이 없고 결실이 그치지 아니함 같으리라 ⁹만물보다 거짓되고 심히 부패한 것은 마음이라 누가 능히 이를 알리요마는 ¹⁰나 여호와는 심장을 살피며 폐부를 시험하고 각각 그의 행위와 그의 행실대로 보응하나니(렘 17:5~10)

첫째, 죄가 마음에 새겨져 있으면, 우리는 자기기만의 놀라운 성향을 갖게 됩니다. 자기 자신을 속이고 또 속입니다. 느낌을 신뢰해서는 안 됩니다. 느낌이 틀릴 수도 있다는 사실을 받아들여야만 합니다. 그러니 순종하고 싶어도 순종할 수 없고, 기도하고 싶어도 기도할 수 없으며, 친절하게 행동하고 싶어도 그렇게 할 수 없습니다. 마음에 죄가 각인되어 있으면, 느낌을 신뢰할 수 없기 때문입니다.

우리에게는 우리 자신보다 더 고차원적인 형태의 진리가 필요합니다. 무엇이 옳고 선한 것인지를 알려 줄, 안정적이며 신뢰할 만한 외부의 존재가 필요합니다. 하나님의 말씀은 듣기에 거북할지라도 우리 자신에 관한 진리를 들려줍니다.

둘째, 죄가 마음에 각인되어 있기 때문에 구원은 행동에 초점을 둔 메시지일 수 없습니다. 마음의 주된 문제를 다루지 못하는 메시지는 내출혈에 반창고를 붙이는 것과 같습니다. 그러므로 우리는 마음으로 복음을 만나야 합니다.

자신의 느낌을 믿었지만, 생각처럼 일이 잘 풀리지 않았던 경험이 있습니까? 다시 그런 상황에 처한다면 하나님의 말씀의 진리를 의지할 수 있겠습니까?

정신 차려!

백성들이 예레미야의 메시지를 거부했던 이유 가운데 하나는 아마도 그들이 예레미야가 전달하는 것과는 다른 종류의 좋은 소식을 듣고 싶어 했기 때문일 것입니다. 예레미야 시대의 백성들은 전쟁 중인 주변 국가들과의 평화, 외적인 번영, 삶의 안정 등에 관한 메시지를 듣고 싶어 했습니다.

우리도 그들과 다르지 않습니다. 하나님을 우주의 주권적 창조주로 여기기보다는 우리 삶을 더 편안하게 해 주기 위해 존재하는 우주 집사쯤으로 여깁니다. 그래서 우리는 하나님께 우리 삶을 더욱 즐겁게 해 줄 수 있는 것들을 주시길 요청하며, 삶에 신체적으로나 정서적으로 불편함이 없도록 기도하는 데 초점을 맞춥니다.

예레미야가 주님께 받은 메시지는 물리적인 관점에서는 백성들의 기대를 충족시켜 주지 못할 수도 있었지만, 문제의 핵심을 찌르는 것이었습니다. 우리의 문제는 상상하는 것보다 훨씬 더 심각하므로 주님께 받은 메시지는 꿈꿔 왔던 것보다 훨씬 더 좋습니다.

> 31여호와의 말씀이니라 보라 날이 이르리니 내가 이스라엘 집과 유다 집에 새 언약을 맺으리라 32이 언약은 내가 그들의 조상들의 손을 잡고 애굽 땅에서 인도하여 내던 날에 맺은 것과 같지 아니할 것은 내가 그들의 남편이 되었어도 그들이 내 언약을 깨뜨렸음이라 여호와의 말씀이니라 33그러나 그날 후에 내가 이스라엘 집과 맺을 언약은 이러하니 곧 내가 나의 법을 그들의 속에 두며 그들의 마음에 기록하여 나는 그들의 하나님이 되고 그들은 내 백성이 될 것이라 여호와의 말씀이니라(렘 31:31~33)

이 새 언약은 그분의 백성 안에 있을 것입니다. 오늘날 많은 사람이 믿음을 천국에 가느냐 지옥에 가느냐의 선택쯤으로 여기고 있습니다. 지옥에 가고 싶지 않으니, 구원받아 천국에서 영원히 살기 위해 그리스도를 믿기로 선택하는 것입니다.

죄 사함과 의를 얻기 위해 그리스도를 믿는 것이 하나님께 가는 유일한 길임은 사실입니다. 그러나 그것이 복음의 전부라고 생각한다면, 진정한 의미에 한참 미치지 못하는 것입니다. '복음'이란 우리 마음이 죄로 너무 부패했기 때문에 하나님을 향해 마음을 새롭게 함이 필요하다는 메시지입니다.

하나님이 예수 그리스도를 통해 우리와 맺으신 새 언약의 특징은 무엇입니까? 이것이 왜 중요할까요?

외적인 번영과 안정 때문에, 또는 천국에 가는 것 때문에 하나님을 따르도록 유혹을 받은 적이 있나요? 여기서 하나님을 향한 깊은 사랑으로 방향을 전환하는 것이 가능할까요?

새 언약을 줄게

새 언약은 우리의 가장 깊은 필요가 담긴, 즉 죄가 새겨진 마음에서 우리와 만나며, 우리에게 하나님이 거하시는 새 마음을 약속합니다. 새 언약은 창조주와 교제하며 살아가는 놀라운 특권을 줍니다. 이 약속을 통해 우리는 하나님을 진실로 아는 마음의 특권을 갖습니다.

그들이 다시는 각기 이웃과 형제를 가리켜 이르기를 너는 여호와를 알라 하지 아니하리니 이는 작은 자로부터 큰 자까지 다 나를 알기 때문이라 내가 그들의 악행을 사하고 다시는 그 죄를 기억하지 아니하리라 여호와의 말씀이니라 (렘 31:34)

하나님은 우리를 어떻게 완전히 아실까요? 하나님은 우리의 머리카락 수를 세고 계시며, 가장 깊은 내면의 생각까지도 모두 알고 계십니다. 사실 하나님은 우리가 우리를 아는 것보다 우리를 더 잘 아십니다. 우리의 과거, 현재, 미래를 모두 아십니다. 하나님은 우리를 하나도 빠짐없이 완전히 알고 계십니다.

천국에서는 우리도 하나님을 아주 잘 알게 될 것입니다. 얼굴과 얼굴을 마주하게 될 것입니다. 이 땅에서는 주님을 아무리 열심히 찾아도, 하나님이 아닌 반사된 이미지만 보게 될 것입니다. 나아가 우리의 인간성은 그것을 늘 어느 정도 왜곡할 것입니다. 하지만 천국에서는 어떤 왜곡도 없습니다. 전능하신 하나님과 완벽하고 완전하게 친밀한 교제를 나눌 수 있습니다. 천국에 이르는 길은 복음에 있습니다.

'죄로 각인된 마음'이라는 우리 문제를 복음이 해결했기에, 그리고 하나님이 우리 마음에 거하시리라는 약속을 받았기에, 우리는 하나님을 아는 마음의 특권을 누릴 수 있습니다.

그리스도와의 연결

　　우리는 하나님과 친교를 나누며 살아가도록 창조되었습니다. 세상이 죄로 깨어지기 전 하나님이 자기 형상으로 인간을 지으신 태초 이야기에서 이를 확인할 수 있습니다. 인간이 하나님의 형상으로 창조되었다는 것은 다른 피조물들은 할 수 없는 하나님과 교제할 수 있는 능력이 있음을 의미합니다. 그래서 최초 인간들은 창조주와 친교를 나누며 살 수 있었습니다.

　　예수님은 하나님을 알고 영원히 기뻐하는 것이 인류의 최대 목적임을 아셨습니다. 이 진리를 요한복음 17장 3절에서 간결하게 말씀하셨습니다. "영생은 곧 유일하신 참 하나님과 그가 보내신 자 예수 그리스도를 아는 것이니이다." 예수님께 있어 영생의 본질은 하나님을 아는 것이며, 우리는 복음을 통해서만 알 수 있습니다.

　　예수 그리스도의 복음은 우리가 기다려 왔던 새 언약입니다. 예레미야의 예언대로, 새 언약은 마음에서 우리와 만나게 될 것입니다. 우리 자신을 위해 우리가 절대 행할 수도 없었고, 하지 않았을 일을 새 언약이 우리를 위해 하게 될 것입니다. 새 언약 안에서 하나님은 우리에게 새 마음을 주실 것입니다. 죄로 새겨진 마음이 아니라, 하나님이 거하실 마음을 말입니다.

알짬 교리 **99**

그리스도인의 삶에서의 성령의 사역

그리스도인의 삶에서 성령님의 역사는 한 사람을 그리스도로 이끄는 구원 사역에서부터 그리스도를 점차 닮아 가도록 하는 성화에 이르기까지 계속됩니다. 또한 성령님은 그리스도인들에게 능력을 부어 주시고, 그들 안에 거하시며, 그들을 위해 중보하시고, 하나님 나라를 섬길 수 있는 특별한 은사를 주십니다. 신자들의 위로자인 성령님은 우리가 성경을 올바로 해석할 수 있도록 도우십니다.

YOUR STORY

하나님이 들려주시는 이야기는 오늘을 사는 나와 늘 연결되어 있습니다. 아래 질문에 답하면서 성경 이야기가 내 이야기와 어떻게 연결되는지 생각해 봅시다.

▶ 하나님을 아는 것이 지금 당장 자신에게 얼마나 중요합니까? 어떻게 하면 하나님을 알고자 하는 열망이 더 커질 수 있을까요?
이 질문에 관한 대답은 다양할 것입니다.

▶ 하나님과의 관계를 어떻게 생각합니까? 우리 소원을 들어주는 우주의 집사 정도로 하나님을 생각하려는 유혹을 느낀 적이 있습니까? 이런 유혹에 빠지지 않으려면 어떻게 해야 할까요?
이 질문에 관한 대답은 다양할 것입니다.

▶ 새 언약은 우리에게 어떤 유익을 줍니까? 우리 마음속에서 어떤 일을 합니까?
이 질문에 관한 대답은 다양할 것입니다.

▶ 하나님이 우리를 용서하시고 우리 죄를 더 이상 기억하지 않으실 것이라는 사실은 무엇을 의미합니까?
이 질문에 관한 대답은 다양할 것입니다.

하나님의 이야기
하나님이 그분의 아들
예수 그리스도를 통해
우리를 구속해 주신 이야기

우리의 이야기
우리의 이야기가
하나님의 이야기와
만나는 곳

YOUR MISSION

생 각

하나님의 계획은 하나님이 아니라 사람에게 새로운 것이었습니다. 하나님의 백성은 노력하고 실패하는 역사를 반복해 왔으며, 그분의 언약 기록에 맞춰 결코 살 수 없었습니다. 하나님은 계속해서 자비를 베푸시며 그들을 자신에게로 되돌리고자 하셨습니다. 그러나 옛 언약은 백성들이 율법을 지킬 수 있도록 힘을 주지 못했습니다. 이제는 하나님이 자기 뜻에 관한 지식을 주실 뿐만 아니라 사람들에게 주신 새 마음에 새 언약을 쓰실 것입니다.

- 하나님이 우리 안에 거하신다는 것은 무슨 의미입니까?

  이 질문에 관한 대답은 다양할 것입니다.

- 우리에게 새 마음이 있음을 아는 것은 하나님께 순종하는 데 어떤 영향을 줍니까?

  우리는 그리스도 안에서 새로운 피조물이기에, 의도적으로 그러한 진리에 비추어 살아야 합니다.

마 음

새 언약은 마음에 기록되었습니다. "그런즉 누구든지 그리스도 안에 있으면 새로운 피조물이라 이전 것은 지나갔으니 보라 새것이 되었도다"(고후 5:17). 이것을 믿을 때 옛사람이 죽고, 그리스도와 함께 영적으로 부활합니다. 새로운 마음을 가진 새로운 자아는 새로운 열망과 취향을 가집니다. 가장 중요한 것은 새로운 주인을 갖게 된 것입니다. 더 이상 죄에 갇히지 않고, 하나님이 성령의 임재를 통해 우리 마음 가운데 거하십니다.

- '네 자신을 믿어라' 하는 세상 지혜에 대해 이번 과는 어떻게 도전합니까?

  이 질문에 관한 대답은 다양할 것입니다.

- 본질상 죄인임을 아는 것이 왜 중요하며, 이는 복음 이해에 어떤 영향을 미칠까요?

  이 질문에 관한 대답은 다양할 것입니다.

행 동

하나님을 아는 것은 동전의 양면과 같아서, 한 면은 하나님과 맺는 인격적 관계, 즉 에덴동산에서 나눈 친밀함으로 돌아가는 것입니다. 다른 한 면은 하나님을 알리려는 열망으로, 이것 또한 인류를 향한 하나님의 본래 의도대로 돌아가는 것입니다. 아담과 하와는 하나님을 알았을 뿐만 아니라 그들이 행하는 모든 것에서 그분을 반영하고 중시했습니다. 그들처럼 우리도 온 땅에 하나님의 영광을 드러내고 예수님의 복음을 전하도록 부름받았습니다.

- 하나님과 맺는 관계에 관해 이번 과에서 어떤 격려와 도전을 받았나요?

  이 질문에 관한 대답은 다양할 것입니다.

- 하나님을 드러내며 살아가는 것에 관해 이번 과에서 어떤 격려와 도전을 받았나요?

  이 질문에 관한 대답은 다양할 것입니다.

> 다음 모임까지
> 시 119:89~176;
> 아 1:1~5:1을
> 읽어 보세요.

12

시드기야,
네 고집으로 망하리라

요약

이 과에서는 구약에서 가장 중요한 사건 가운데 하나인 예루살렘의 몰락과 하나님의 백성이 포로가 되는 이야기를 보게 될 것입니다. 마음이 완악해진 백성들과 지도자들은 하나님의 말씀을 경멸하기에 이르렀습니다. 이에 하나님은 자기 백성을 벌하심으로써 공의와 진노를 드러내셨습니다. 그러나 우리는 하나님이 공의를 드러내시는 중에도 남은 자들을 보존하시는 것을 볼 수 있습니다. 남은 자들은 메시아를 통해 만물을 새롭게 하시는 하나님의 약속에 대한 소망을 전할 것입니다.

성 경

역대하 36장 11~21절; 예레미야 38장 14~18절, 24~28절

HIS STORY

포 인 트	하나님은 죄인을 끝까지 찾아 돌이키고자 하시지만, 마음이 완악한 사람은 언젠가 심판에 직면할 것이다.
등 장 인 물	삼위일체 하나님(성부, 성자, 성령) 예레미야(유다와 예루살렘에 대한 하나님의 심판을 거듭 선포했던 선지자이지만, 또한 소망의 선지자이기도 함) 시드기야(바벨론에 멸망당하기 전 유다의 마지막 왕)
메시지 좌표	이 과에서는 구약에서 가장 중요한 사건 가운데 하나인 예루살렘의 몰락과 하나님의 백성이 포로가 되는 이야기를 만나게 될 것입니다. 마음이 완악해진 백성들과 지도자들은 하나님의 말씀을 경멸하기에 이르렀습니다. 이에 하나님은 자기 백성을 벌하심으로써 공의와 진노를 드러내셨습니다. 그러나 우리는 하나님이 공의를 드러내시는 중에도 남은 자들을 보존하시는 것을 볼 수 있습니다. 남은 자들은 메시아를 통해 만물을 새롭게 하시는 하나님의 약속에 대한 소망을 전할 것입니다.

도 입

'추구하다'라는 단어는 흔히 학위나 의미 있는 것, 참된 행복 같은 것을 얻으려는 열망을 묘사할 때 사용됩니다. 이 단어를 하나님과 관련해 사용할 때는 '추적하다'라는 표현을 씁니다. 하나님은 고집불통인 사람들의 마음을 끈질기게 찾으십니다. 이것이 하나님이 우리를 추적하신다는 말의 의미입니다. 하나님은 죄인을 위해 오래 참으십니다(벧후 3:9). 이것은 하나님이 죄인의 삶에서 아무런 활동도 하지 않으신다는 뜻은 아닙니다.

이스라엘을 향한 하나님의 추적에는 용서, 구원, 신실, 공급, 경고, 심판 등이 포함되었습니다. 하나님은 사랑, 은혜, 자비의 마음으로 우리를 추적하십니다. 하나님은 우리를 용서하겠다는 약속을 신실하게 지키십니다. 그리고 그분의 아들 예수님을 통해 우리에게 구원을 주셨습니다. 그러나 이스라엘처럼 오늘날 많은 사람이 또한 마음이 완악해져 하나님의 추적을 보지 못합니다. 하나님의 경고에 주의하지 못한 자들은 심판에 직면하게 될 것입니다.

▶ 하나님이 우리를 홀로 내버려 두지 않고 사랑과 구원으로 추적하심을 아는 것은 우리에게 어떻게 격려가 됩니까?

하나님을 모르니 제멋대로구나

요시야왕은 이스라엘의 마지막 왕들 가운데 한 줄기 빛이었습니다. 그는 하나님의 통치와 다스림에 자신을 헌신하면서, 백성들이 영적인 유산을 되찾을 수 있도록 자신이 할 수 있는 모든 방법을 시도했습니다. 그러나 그의 죽음 이후 일련의 왕들에게 전쟁과 추방이 있었고, 결국 이스라엘은 치명타를 입었습니다.

수년 동안 이집트와 바벨론 사이에 권력 이동이 있었습니다. 그에 따라 유다 역대 왕들의 충성 대상도 이리저리 달라졌습니다. 여러 왕이 세워지고 떠났지만, 바벨론에 의해 시드기야가 권좌에 오르기까지 어느 누구도 온전히 또는 오래 통치하지 못했습니다. 시드기야는 의지가 약한 꼭두각시 통치자였습니다. 결국 시드기야는 유다의 민족주의에 굴복하면서, 강력한 바벨론의 통치자 느부갓네살에게 반역할 수 있다고 하는 주변의 귀족과 조언자의 말에 귀를 기울였습니다.

어렸을 때 고무찰흙을 가지고 놀아 본 적이 있습니까? 새 고무찰흙을 꺼내면 부드러워서 거의 모든 모양을 만들 수 있습니다. 햄버거나 아이스크림 모양을 만들 수 있는 틀도 있습니다. 그런데 고무찰흙을 밖에 오랜 시간 놓아두면, 말라서 딱딱해지고 부서지기 쉬워집니다. 그렇게 되면, 더는 모양을 만들 수가 없습니다. 마지막으로 만들었던 모양 그대로 굳어 버리게 됩니다.

시드기야왕과 백성들의 마음은 말라 버린 고무찰흙과 같았습니다. 하나님이 많은 선지자를 보내 그들에게 경고하셨습니다. 사악한 길에서 하나님께로 돌이키지 않으면, 장차 어떤 일이 벌어질지 경고해 주셨습니다. 그러나 그들은 마음이 너무 완악해져서 하나님의 경고를 듣지 않았습니다. 하나님은 이스라엘의 말라 버린 상태에 대한 심판을 선언하셨습니다. 그들의 도시가 무너지고, 그들은 사로잡혀 노예가 될 것입니다.

• 영적으로 '말라 버린' 상태를 직접 느낀 적이 있나요? 무엇이 그렇게 만들었나요? 앞으로 이런 일이 일어나지 않도록 어떻게 예방할 수 있을까요?

• 하나님이 죄에서 돌이켜 돌아오라고 부르신다는 것을 알면서도 듣지 않았던 적이 있나요? 그때 어떤 일이 일어났나요? 그것은 하나님과의 관계에 어떤 영향을 끼쳤나요?

연 대 표

예루살렘의 몰락
THE FALL OF JERUSALEM
하나님의 백성이 완악해져서
몰락하다.

에스겔의 환상
EZEKIEL'S VISION
하나님은 죽은 자를 일으키실
수 있다.

포로로 유배 중에도 신실함
FAITHFUL IN EXILE
하나님의 백성이 거룩함을 추구
할 때, 다른 이들이 주목한다.

불로 시험을 받음
TESTED BY FIRE
사드락, 메삭, 아벳느고가 하나
님의 보호를 신뢰하다.

손이 벽에 글을 쓰다
WALL OF HANDWRITING
하나님의 심판 경고와 회개의
필요성

다니엘이 구원되다
DANIEL IS DELIVERED
하나님이 사자 굴에서 다니엘
을 지켜 주시다.

[11]시드기야가 왕위에 오를 때에 나이가 이십일 세라 예루살렘에서 십일 년 동안 다스리며 [12]그의 하나님 여호와 보시기에 악을 행하고 선지자 예레미야가 여호와의 말씀으로 일러도 그 앞에서 겸손하지 아니하였으며 [13]또한 느부갓네살왕이 그를 그의 하나님을 가리켜 맹세하게 하였으나 그가 왕을 배반하고 목을 곧게 하며 마음을 완악하게 하여 이스라엘 하나님 여호와께로 돌아오지 아니하였고 [14]모든 제사장들의 우두머리들과 백성도 크게 범죄하여 이방 모든 가증한 일을 따라서 여호와께서 예루살렘에 거룩하게 두신 그의 전을 더럽게 하였으며(대하 36:11~14)

이스라엘의 최후 몰락은 통치자의 완악한 마음에서 시작되었습니다. 여기에는 백성의 완악한 마음도 반영되어 있습니다. 본문은 시드기야가 바벨론에 맞서고자 한 행동의 참 근원이 무엇인지를 보여 줍니다. 시드기야는 민족적 자부심이나 독립을 위한 고귀한 열망으로 행동한 것이 아닙니다. 그저 그는 자신의 완악한 마음이 움직이는 대로 행동했을 뿐입니다.

모든 영적 몰락은 이런 식으로 시작됩니다. 우리는 '갑자기'가 아닌 '점진적'으로 침체됩니다. 그 첫 단계는 마음이 하나님의 뜻에 대해 완악해지는 것입니다. 시드기야에게서 우리는 마음이 완악해질 때 나타나는 몇 가지 조짐을 볼 수 있습니다. 하나님의 뜻에 대해 완악해질 수 있는 마음에 대한 경고입니다.

마음이 완악해질 때 나타나는 확실한 신호 가운데 하나는 '교만'입니다. 본문에서 우리는 시드기야의 교만이 통제되지 않는 모습을 볼 수 있는데, 이것이 바로 그의 마음이 완악해졌다는 증거입니다. 시드기야는 바벨론이 세운 꼭두각시 왕이었습니다. 그의 군대는 바벨론은 말할 것도 없고, 이집트에 맞서기에도 턱없이 부족한 상황이었습니다.

하나님의 뜻에 맞서는 완악한 마음을 가진 사람을 본 적이 있나요? 어떤 일이 있었습니까?
마음이 완악해지려고 한 적이 있습니까? 앞으로 이러한 일에서 어떻게 자신을 지키겠습니까?

살길을 알려 줘도 듣지 않는구나

시드기야는 마음이 완악해졌음에도 선지자 예레미야를 불렀습니다. 하나님이 민족의 앞날에 대해 무엇인가를 말씀해 주실 수도 있다고 생각했기 때문입니다. 그러나 심판의 메시지를 받게 되었습니다.

[14]시드기야왕이 사람을 보내어 선지자 예레미야를 여호와의 성전 셋째 문으로 데려오게 하고 왕이 예레미야에게 이르되 내가 네게 한 가지 일을 물으리니 한 마디도 내게 숨기지 말라 [15]예레미야가 시드기야에게 이르되 내가 이 일을 왕에게 아시게 하여도 왕이 결코 나를 죽이지 아니하시리이까 가령 내가 왕을 권한다 할지라도 왕이 듣지 아니하시리이다 [16]시드기야왕이 비밀히 예레미야에게 맹세하여 이르되 우리에게 이 영혼을 지으신 여호와께서 살아 계심을 두고 맹세하노니 내가 너를 죽이지도 아니하겠으며 네 생명을 찾는 그 사람들의 손에 넘기지도 아니하리라 하는지라 [17]예레미야가 시드기야에게 이르되 만군의 하나님이신 이스라엘의 하나님 여호와께서 이와 같이 말씀하시되 네가 만일 바벨론의 왕의 고관들에게 항복하면 네 생명이 살겠고 이 성이 불사름을 당하지 아니하겠고 너와 네 가족이 살려니와 [18]네가 만일 나가서 바벨론의 왕의 고관들에게 항복하지 아니하면 이 성이 갈대아인의 손에 넘어가리니 그들이 이 성을 불사를 것이며 너는 그들의 손을 벗어나지 못하리라 하셨나이다(렘 38:14~18)

본문에서 하나님의 백성과 관계된 의로운 심판이 다가오고 있음을 봅니다. 또한 시드기야에게 훨씬 더 큰 심판과 파멸을 막을 길을 알려 주시는 데서 하나님의 큰 자비를 봅니다. 통치자와 백성에게 하나님께 돌아올 수 있는 기회를 주고 또 주시는 데서 하나님의 놀라운 인내를 봅니다. 그러면서도 본문에 드러난 하나님의 또 다른 특성, 곧 절대적인 정직을 봅니다.

하나님은 말씀을 통해 우리에게 진실을 들려주실 것입니다. 우리가 듣고 싶어 하지 않아도 진실을 말씀해 주실 것입니다. 하나님의 정직은 우리에게 자비입니다. 왜냐하면 우리에게는 자기기만이라는 기질이 있기 때문입니다. 우리 안에서 역사하시는 성령이 없이 우리는 자기 마음을 신뢰할 수 없습니다.

예레미야는 왕에게 진실을 말한 후 질문이 남았습니다. '과연 시드기야가 하나님의 진리에 어떻게 반응할까? 완악한 마음을 고집할까? 아니면 겸손

히 받아들이며 주님께 돌아갈까?'

영적 몰락이 완악함에서 시작된다면, 그 다음 단계는 하나님의 말씀을 대하는 우리의 반응과 관련 있습니다. 하나님의 말씀이 회개로 인도할 때, 우리는 겸손히 받아들이거나 무시하고 하던 대로 계속할 수 있습니다. 시드기야는 후자를 선택했습니다.

²⁴시드기야가 예레미야에게 이르되 너는 이 말을 어느 사람에게도 알리지 말라 그리하면 네가 죽지 아니하리라 ²⁵만일 고관들이 내가 너와 말하였다 함을 듣고 와서 네게 말하기를 네가 왕에게 말씀한 것을 우리에게 전하라 우리에게 숨기지 말라 그리하면 우리가 너를 죽이지 아니하리라 또 왕이 네게 말씀한 것을 전하라 하거든 ²⁶그들에게 대답하되 내가 왕 앞에 간구하기를 나를 요나단의 집으로 되돌려 보내지 마소서 그리하여 거기서 죽지 않게 하옵소서 하였다 하라 하니라 ²⁷모든 고관이 예레미야에게 와서 물으매 그가 왕이 명령한 모든 말대로 대답하였으므로 일이 탄로되지 아니하였고 그들은 그와 더불어 말하기를 그쳤더라 ²⁸예레미야가 예루살렘이 함락되는 날까지 감옥 뜰에 머물렀더라(렘 38:24~28)

마침내 끝이 왔습니다. 주님의 말씀이 무시되긴 했지만, 예레미야는 신실한 선지자였습니다. 종종 눈물로 하나님의 말씀을 전하던 이 선지자는 도시가 함락되고 결국 파괴될 것이라고 증언했습니다. 이러한 일이 일어날 때 예레미야가 거기에 있었다고 본문이 분명히 밝힙니다. 예레미야는 하나님의 심판이 임하는 것을 봤습니다.

예레미야야, 네가 나를 위해 우는구나

눈물의 선지자의 반응은, 요나와 분명히 달랐습니다. 요나는 니느웨에 하나님의 심판이 임하기를 아주 간절히 바랐고 눈물 한 방울 흘리지 않았습니다. 하지만 예레미야는 주님의 마음을 그대로 담아냈습니다. 몇 번이고 계속해서, 심지어 시드기야의 마지막까지도 하나님의 진노가 연기될 수 있는 길을 제시했습니다. 그는 백성들에게 너무 늦기 전에 주님께 돌아오라고 계속해서 외쳤습니다.

¹⁵그 조상들의 하나님 여호와께서 그의 백성과 그 거하시는 곳을 아끼사 부지런히 그의 사신들을 그 백성에게 보내어 이르셨으나 ¹⁶그의 백성이 하나님의 사신들을 비웃고 그의 말씀을 멸시하며 그의 선지자를 욕하여 여호와의 진노를 그의 백성에게 미치게 하여 회복할 수 없게 하였으므로 ¹⁷하나님이 갈대아왕의 손에 그들을 다 넘기시매 그가 와서 그들의 성전에서 칼로 청년들을 죽이며 청년 남녀와 노인과 병약한 사람을 긍휼히 여기지 아니하였으며 ¹⁸또 하나님의 전의 대소 그릇들과 여호와의 전의 보물과 왕과 방백들의 보물을 다 바벨론으로 가져가고 ¹⁹또 하나님의 전을 불사르며 예루살렘 성벽을 헐며 그들의 모든 궁실을 불사르며 그들의 모든 귀한 그릇들을 부수고 ²⁰칼에서 살아 남은 자를 그가 바벨론으로 사로잡아 가매 무리가 거기서 갈대아왕과 그의 자손의 노예가 되어 바사국이 통치할 때까지 이르니라 ²¹이에 토지가 황폐하여 땅이 안식년을 누림같이 안식하여 칠십 년을 지냈으니 여호와께서 예레미야의 입으로 하신 말씀이 이루어졌더라(대하 36:15~21)

유다 백성들은 종말이 오리라고는 전혀 생각하지 않았습니다. 날마다 태양이 계속 뜨고 졌으며, 하루하루 삶이 평소처럼 흘러갔습니다. 하나님의 심판에 관해 끊임없이 경고하던 선지자들의 목소리가 희미해졌습니다. 마찬가지로 베드로 시대의 사람들도 자기들 삶에서 하나님의 심판에 관한 증거를 보지 못했습니다. 베드로는 예수님이 돌아오실 것이라는 약속을 받았지만, 당시 사람들은 재림에 대한 어떠한 증거도 보지 못했고 결코 재림이 일어나지 않을 것처럼 계속 살아갔습니다.

그리스도와의 연결

백성들의 영적 몰락은 하나님의 진노를 초래했습니다. 그런데 예레미야의 눈물은 하나님이 의로운 심판을 내리기를 기뻐하지 않으신다는 사실을 상기시켜 줍니다. "사랑하는 자들아 주께는 하루가 천 년 같고 천 년이 하루 같다는 이 한 가지를 잊지 말라 … 주께서는 너희를 대하여 오래 참으사 아무도 멸망하지 아니하고 다 회개하기에 이르기를 원하시느니라"(벧후 3:8~9).

우리는 장차 올 심판의 날을 준비해야 합니다. 유다 왕국에 예언된 심판이 오래 걸렸던 것처럼, 다시 오실 예수님을 오래 기다리는 것은 하나님의 인내를 강조하는 것이지 그분의 무관심이 아닙니다. 하나님은 모든 사람이 회개하기를 바라십니다. 우리가 알듯, 삶에서 계속되는 모든 날은 바로 하나님의 은혜로운 인내를 보여 주는 예입니다. 한 사람이라도 더 복음을 듣고 믿을 수 있는, 장차 있을 진노를 피하기 위해 예수님께로 피할 수 있는 기회입니다.

그러므로 영적인 몰락의 실재를 우리에게 알려 주며 우리 앞에 놓인 긴급함을 강조하는 히브리서의 경고를 진지하게 받아들입시다. "형제들아 너희는 삼가 혹 너희 중에 누가 믿지 아니하는 악한 마음을 품고 살아 계신 하나님에게서 떨어질까 조심할 것이요 오직 오늘이라 일컫는 동안에 매일 피차 권면하여 너희 중에 누구든지 죄의 유혹으로 완고하게 되지 않도록 하라"(히 3:12~13).

알짬 교리 **99**

죄-위반

'어기다'(수 7:11), '잘못'(수 24:19), '허물'(렘 5:6), '반역'(애 3:42) 등으로 번역되는 영어 성경의 단어transgression은 '바꾸다' 혹은 '지나가다'라는 뜻으로 하나님의 명백한 명령을 위반하는 행위와 연관되어 쓰이곤 합니다. 에덴동산에서 아담과 하와에게 주셨던 것처럼 하나님이 구체적인 명령을 주셨는데도 그것을 지키지 않으면 범죄하는 것입니다(롬 5:14; 딤전 2:14). 이런 의미에서 죄란 법을 어기는 행위입니다.

YOUR STORY

하나님이 들려주시는 이야기는 오늘을 사는 나와 늘 연결되어 있습니다. 아래 질문에 답하면서 성경 이야기가 내 이야기와 어떻게 연결되는지 생각해 봅시다.

▶ '마음이 완악하다'는 것은 무슨 의미입니까? 마음이 완악해지고 있다는 것을 어떻게 알 수 있을까요?

이 마음이 완악해지고 있는 증거로는 죄에 대한 경계심 부족, 죄에 대한 무감각 등이 있습니다.

▶ 하나님의 말씀에 대한 반응이 어떻게 마음 상태를 알려 주는 지표가 됩니까?

이 질문에 관한 대답은 다양할 것입니다.

▶ 하나님은 아무도 멸망하기를 바라지 않으신다는 것을 어떻게 알 수 있습니까? 이것이 하나님의 심판을 바라보는 방식을 어떻게 바꾸나요?

이 질문에 관한 대답은 다양할 것입니다.

▶ 어떻게 하면 오늘날 그리스도인들이 하나님의 메시지를 사람들에게 전할 때 세상의 상태를 보고 눈물 흘린 예레미야처럼 될 수 있을까요? 오늘날 그리스도인들은 어떤 점에서 예레미야와 다릅니까?

이 질문에 관한 대답은 다양할 것입니다.

하나님의 이야기
하나님이 그분의 아들
예수 그리스도를 통해
우리를 구속해 주신 이야기

우리의 이야기
우리의 이야기가
하나님의 이야기와
만나는 곳

YOUR MISSION

생 각

교만해지면 회개가 부족해집니다. 시드기야는 회개의 정의대로 '주님께 돌아갈' 기회가 얼마든지 있었습니다. 예레미야의 조언을 듣고 주님의 말씀을 겸손히 인정할 수 있었습니다. 또한 자기 지혜에서 돌이켜 주님께 돌아감으로써 그러한 인정을 증명할 수도 있었습니다. 그러나 시드기야는 자기 길이 옳다고 확신했기 때문에 돌이킬 필요성을 느끼지 못했습니다.

- **왜 교만은 마음의 완악함과 함께 올까요?**
  이 질문에 관한 대답은 다양할 것입니다.

- **교만에 맞서 싸울 때 그리스도인들은 서로 어떻게 도울 수 있을까요?**
  한 가지 방법은 서로의 삶에서 교만이 어디서 비롯되는지를 보고, 사랑의 마음으로 환기시켜 주는 것입니다.

마 음

자기기만은 우리 안에서 일어나는 일들을 스스로 진단하기 어렵게 만듭니다. 이러한 이유로 다윗은 주님께 자기 마음을 진단해 주시길 기도하고 요청했습니다. "하나님이여 나를 살피사 내 마음을 아시며 나를 시험하사 내 뜻을 아옵소서 내게 무슨 악한 행위가 있나 보시고 나를 영원한 길로 인도하소서"(시 139:23~24).

- **하나님이 말씀을 통해 다소 불편할 수 있는 진리를 깨닫게 하신 적이 있나요?**
  이 질문에 관한 대답은 다양할 것입니다.

- **그때 어떻게 반응했나요? 그것은 당신의 마음 상태에 대해 무엇을 말해 주나요?**
  이 질문에 관한 대답은 다양할 것입니다.

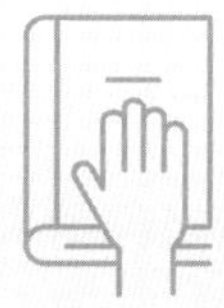

행 동

마음의 완악함을 보여 주는 또 다른 신호는 하나님의 백성이 열방과 구별되지 않는 것입니다. 처음부터 하나님은 이스라엘 백성을 이 땅에서 구별된 백성으로 만드실 계획이셨습니다. 그들만이 주님을 위해 특별히 구별된 제사장 나라로서 하나님의 영광을 밝게 빛낼 것입니다. 그러나 시드기야 시대에는 "모든 제사장들의 우두머리들과 백성도 크게 범죄하여 이방 모든 가증한 일을"(대하 36:14) 따라했습니다. 다른 말로 하면, 그들은 구별된 하나님의 백성이라는 지위를 버리고, 그 대신 주변 모든 백성의 길을 따르기 시작했습니다.

- **왜 하나님은 그분의 백성이 삶의 방식에서 세상과 구별되기를 바라십니까?**
  한 가지 이유는 세상과 다르게 사는 것이 우리가 섬기는 하나님의 성품을 반영하기 때문입니다.

- **하나님은 우리가 주변 세상으로부터 어떤 방식으로 구별되도록 부르셨습니까?**
  이 질문에 관한 대답은 다양할 것입니다.

> 다음 모임까지
> 아 5:2~8:14; 시 45편;
> 잠 1~4장을
> 읽어 보세요.

에스겔,
이것이 살아나겠느냐?

요약

이 과에서는 절망과 소망이 공존하는 에스겔서의 한 장면을 보게 됩니다. 주님은 환상 속에서 에스겔을 마른 뼈들이 가득한 골짜기로 데리고 가셨습니다. 그리고 추방된 하나님 백성의 절망적인 삶과, 죽은 자를 일으키고 그분의 백성을 회복시키시는 하나님의 권능을 보여 주고자 하셨습니다. 이를 통해 하나님은 에스겔 시대의 백성들에게 하나님이 그들을 고국으로 다시 돌아가게 하실 것이라는 소망을 주셨습니다. 이 이야기는 하나님의 말씀에는 우리를 살리고 하나님과의 관계를 회복시켜 주는 부활 능력이 있음을 우리에게 알려 줌으로써 소망을 줍니다.

성경

에스겔 37장 1~14절

HIS STORY

포 인 트	하나님의 말씀은 생명 없는 곳에서 생명을 일으킬 수 있다.

등 장 인 물

삼위일체 하나님(성부, 성자, 성령)

에스겔(이름의 의미가 '하나님이 굳세게 하실 것이다'인 선지자)

메시지 좌표

이 책의 마지막 과에서, 우리는 에스겔을 통해 절망과 소망 모두로 가득 찬 장면을 보게 됩니다. 주님은 에스겔을 마른 뼈들이 가득한 골짜기로 데려가셔서 추방당한 삶의 절망적인 모습을, 그러나 또한 죽은 자를 일으키고 백성을 회복하시는 하나님의 권능을 보여 주셨습니다. 이렇게 보여 주심으로써 에스겔 당시 백성들을 다시 본국으로 되돌리실 것이라는 소망을 주셨습니다. 이는 또한 하나님의 말씀이 우리를 살아 있게 하고 하나님과의 관계를 회복시켜 주는 부활 능력이 있음을 우리에게 알려 줌으로써 우리에게도 희망을 줍니다.

도 입

방문했던 곳 중에 가장 황량했던 곳은 어디였나요? 사막이었나요? 눈보라가 치는 곳이었나요? 대체 생명체가 살아남을 수 있을까 싶은 곳을 가 본 적이 있습니까?

칠레, 페루, 볼리비아, 아르헨티나 등 남미 여러 나라에 걸쳐 있는 아타카마(Atacama) 사막이 바로 그런 곳 중 하나입니다. 965km 범위 내에서 어떤 지역은 강수량 기록이 전혀 없기도 합니다. 잘 자라는 야생 생물이 없습니다. 우거진 숲도 없습니다. 생물의 흔적이 거의 없습니다. 절대적으로 황량한 곳입니다. 만약 그곳에 생명체가 꽤 오래 머문다면, 틀림없이 곧 척박한 환경처럼 되어 죽을 것이라고 내기해도 좋습니다.

이런 곳에서 많은 시간을 보내는 것을 상상할 수 있겠습니까? 그런 모습을 상상할 수 있다면, 에스겔 37장에 기록된 선지자 에스겔의 환상 장면을 잘 떠올릴 수 있을 것입니다.

에스겔서는 선지자가 기록한 기이한 환상으로 가득합니다. 이는 하나님 백성의 과거를 밝혀 주고, 또한 그들의 미래를 가리킵니다. 에스겔 시대의 사람들은 미래를 내다보기를 간절히 원했습니다. 그러한 까닭에 에스겔의 예언자적 메시지는 유대인의 역사에서 가장 중추적인 사건 중의 하나에 의해 반으로 나뉘어 있습니다.

지난 과에서 살펴봤듯이, BC 586년에 느부갓네살의 침략으로 예루살렘과 하나님의 성전이 파괴되었습니다. 그리고 약 1만 명의 유대인이 강제로 끌려가 포로로서 바벨론에 거주하게 되었습니다. 이스라엘 백성은 자신들의 인생이 끝났다고 생각했습니다. 그것은 삶과 미래에 대한 소망이 없는 마른 뼈들의 골짜기에서 사는 것과 같았습니다. 이것이 바로 하나님이 에스겔에게 주신 에스겔 37장의 환상입니다.

▶ 방문했던 곳 중에 가장 황량했던 곳은 어디였습니까? 왜 하나님은 에스겔의 환상의 배경으로 이런 곳을 선택하셨을까요?

마른 뼈들밖에 안 보여요

경고가 계속 있었음에도 불구하고, 백성들은 계속해서 우상 숭배에 빠져들었고, 회개하지 않았습니다. 하박국, 이사야, 예레미야와 같은 선지자들이 다가오고 있는 위험에 관해 말해 주었습니다. 몇몇 통치자들은 백성들의 정신과 마음을 하나님께 돌리고자 노력하기도 했습니다. 히스기야나 요시야와 같은 통치자들은 나라에서 우상 숭배를 없애려고 시도했지만, 결국에는 우상 숭배가 이겼습니다.

BC 586년, 바벨론이 하나님이 택하신 백성을 공격했습니다. 그들은 성전을 파괴하고, 유대인들을 포로로 잡아갔습니다. 집이 사라지고, 성전이 사라지고, 제사장들이 사라지고, 왕조도 사라졌습니다. 주님이 그분의 백성에게 주셨던 은혜의 모든 표식이 사라졌습니다.

이와 같은 상황에서 하나님이 에스겔에게 예언하게 하셨습니다. 에스겔은 서른 살이었고, 백성들과 함께 바벨론으로 추방된 지 5년밖에 안 되었을 때였습니다. 에스겔 37장에 기록된 환상은 당시 백성의 영적 상태를 생생하게 보여 줍니다.

[1]여호와께서 권능으로 내게 임재하시고 그의 영으로 나를 데리고 가서 골짜기 가운데 두셨는데 거기 뼈가 가득하더라 [2]나를 그 뼈 사방으로 지나가게 하시기로 본즉 그 골짜기 지면에 뼈가 심히 많고 아주 말랐더라 [3]그가 내게 이르시되 인자야 이 뼈들이 능히 살 수 있겠느냐 하시기로 내가 대답하되 주 여호와여 주께서 아시나이다(겔 37:1~3)

골짜기는 죽음과 황량함 가운데 쥐 죽은 듯 적막했습니다. 뼈들이 가득했는데, '바짝 말라' 있었습니다. 이보다 더 절망적인 장면을 상상할 수 없을 정도였습니다.

이전 삶이 완전히 파괴된 채 포로로 잡혀 있는 하나님의 백성들에게 이 장면은 그들의 끔찍한 현재 상태를 떠올리게 했습니다. 이 골짜기처럼 하나님의 백성들은 심신이 모두 생기를 잃은 상태였습니다. 여러 해 동안, 주님을 향한 백성들의 마음은 부패해 있었습니다. 어찌 보면 예루살렘 성의 파괴는 우상을 숭배하던 세대들에게 불가피한 종말이었습니다. 피폐한 성읍, 고향, 성전 등은 이제 그들의 마음 상태와 닮아 있습니다.

에스겔이 이 장면에 직면했을 때, 주님은 그에게 "이 뼈들이 능히 살 수 있겠느냐?" 하고 물으셨습니다. 직접 그 장면을 본 에스겔은 하나님이 기적을 베푸셔야만 그 뼈들이 살아날 수 있음을 알았습니다. 아무리 살아나고 싶어도 상황을 바꿀 만한 힘이 뼈들에게는 없었습니다. 마른 뼈들이 살아날 수 있을까요? 주님만이 그것을 아시고, 오직 주님만이 하실 수 있습니다.

만약 내가 에스겔이라면, 이런 환상을 볼 때 어떻게 반응하겠습니까? 하나님과 하나님의 백성과 자신의 사명을 보는 관점이 어떻게 달라질까요?

이 뼈와 저 뼈가 연결되다니

이스라엘 백성은 육체적으로나 영적으로나 황폐함 가운데 살고 있었습니다. 그러나 하나님은 죽음의 골짜기에서도 생명을 일으키실 수 있습니다.

4또 내게 이르시되 너는 이 모든 뼈에게 대언하여 이르기를 너희 마른 뼈들아 여호와의 말씀을 들을지어다 5주 여호와께서 이 뼈들에게 이같이 말씀하시기를 내가 생기를 너희에게 들어가게 하리니 너희가 살아나리라 6너희 위에 힘줄을 두고 살을 입히고 가죽으로 덮고 너희 속에 생기를 넣으리니 너희가 살아나리라 또 내가 여호와인 줄 너희가 알리라 하셨다 하라 7이에 내가 명령을 따라 대언하니 대언할 때에 소리가 나고 움직이며 이 뼈, 저 뼈가 들어 맞아 뼈들이 서로 연결되더라 8내가 또 보니 그 뼈에 힘줄이 생기고 살이 오르며 그 위에 가죽이 덮이나 그 속에 생기는 없더라 9또 내게 이르시되 인자야 너는 생기를 향하여 대언하라 생기에게 대언하여 이르기를 주 여호와께서 이같이 말씀하시기를 생기야 사방에서부터 와서 이 죽음을 당한 자에게 불어서 살아나게 하라 하셨다 하라 10이에 내가 그 명령대로 대언하였더니 생기가 그들에게 들어가매 그들이 곧 살아나서 일어나 서는데 극히 큰 군대더라 (겔 37:4~10)

주님이 말씀하시니 골짜기에 생명이 깃들었다는 점이 중요합니다. 하나님의 말씀은 권능으로 가득합니다. 태초에 하나님의 말씀이 바로 무에서 유를 창조했습니다. 존재하는 모든 것, 눈에 보이는 모든 것이 하나님의 창조적 말씀의 결과입니다.

에스겔 시대의 백성들은 하나님이 선지자들을 통해 들려주시는 말씀에 주의를 기울이지 않았습니다. 그들은 듣지 않고 순종하지 않았기 때문에, 포로가 되었습니다. 비록 하나님을 모르는 바벨론에서조차 인정하기 어렵

겠지만, 하나님이 허락하셨기 때문에 바벨론이 그와 같은 힘을 갖게 된 것입니다.

그렇더라도 여기서 에스겔은 하나님의 말씀이 생명을 회복시키는 능력을 보았습니다. 하나님의 명령을 따라 에스겔이 예언을 시작했습니다. 먼저 소음이 났습니다. 처음에는 작은 소리였지만, 점점 커지며 크고 깊게 울렸습니다. 마른 뼈들이 형체를 알아볼 수 있을 정도로 회복되어 맞춰지면서 뼈들끼리 부딪치는 소리가 났습니다. 그러고는 새롭게 형성된 골격을 피부가 덮는 소리가 들렸습니다. 그 후 생기가 바람처럼 골짜기 안으로 불어왔습니다.

알짬 교리99

부활

구약과 신약은 모두 신자들이 어느 날 죽은 자 가운데서 살아나는 육신의 부활을 경험할 것이라고 가르칩니다(사 26:19; 겔 37:12~14; 요 11장). 부활의 약속은 죽은 자 가운데서 다시 사신 그리스도 안에서 발견되며, 그리스도의 재림 때 약속이 이루어질 것입니다. 그리스도께서 부활의 첫 열매가 되셨기에 그리스도인들은 자신들의 부활도 본질적으로 비슷하리라고 확신할 수 있습니다. 즉 전인적으로 영광스럽게 부활하리라고 말입니다(빌 3:20~21; 롬 8:22~23). 장차 일어날 부활의 소망은 그리스도인에게 그리스도의 죽음과 부활로 사망이 패했다는 확신을 줍니다.

너희가 다시 살아나게 하리라

에스겔의 눈앞에서 장면이 완전히 바뀌었습니다. 황량하던 곳이 북적이는 곳이 되었습니다. 죽음의 땅에서 생명이 흘러넘쳤습니다. 골짜기에 가득했던 마른 뼈들이 거대한 군대로 변신했습니다. 이들의 부활은 하나님의 사랑과 권능의 분명한 증거였습니다. 타국에 추방되어 있는 이스라엘의 집에 이런 일이 일어날 것입니다.

11또 내게 이르시되 인자야 이 뼈들은 이스라엘 온 족속이라 그들이 이르기를 우리의 뼈들이 말랐고 우리의 소망이 없어졌으니 우리는 다 멸절되었다 하느니라 12그러므로 너는 대언하여 그들에게 이르기를 주 여호와께서 이같이 말씀하시기를 내 백성들아 내가 너희 무덤을 열고 너희로 거기에서 나오게 하고 이스라엘 땅으로 들어가게 하리라 [13]내 백성들아 내가 너희 무덤을 열고 너희로 거기에서 나오게 한즉 너희는 내가 여호와인 줄을 알리라 [14]내가 또 내 영을 너희 속에 두어 너희가 살아나게 하고 내가 또 너희를 너희 고국 땅에 두리니 나 여호와가 이 일을 말하고 이룬 줄을 너희가 알리라 여호와의 말씀이니라 (겔 37:11~14)

이 환상이 백성들에게 전한 메시지 가운데 하나는 '하나님은 말씀을 지키신다'라는 것이었습니다. 하나님은 언젠가 그분의 인내심이 다할 것이라고 약속하셨습니다. 수 세기 전에 신명기에 기록된 것처럼, 하나님은 만약 그분의 백성이 우상 숭배에 빠지면 행동을 취하실 것입니다. "네 자녀를 다른 민족에게 빼앗기고 종일 생각하고 찾음으로 눈이 피곤하여지나 네 손에 힘이 없을 것이며 네 토지 소산과 네 수고로 얻은 것을 네가 알지 못하는 민족이 먹겠고 너는 항상 압제와 학대를 받을 뿐이리니"(신 28:32~33).

이상하게도, 그들이 포로로 잡혀 간 것은 하나님의 심판을 보여 주는 증거만이 아닙니다. 하나님의 신실하심을 보여 주는 증거이기도 합니다. 만일 하나님이 심판에 대한 자신의 약속을 지키지 않으셨다면, 자신의 다른 약속들도 지키지 않으실 것입니다. 그러나 하나님이 자신의 말씀을 지키셨기 때문에, 즉 자신이 하실 것이라고 말씀하셨던 바를 정확하게 하셨기 때문에, 백성들은 이러한 환상을 기대할 수 있었고, 하나님이 약속을 지키실 것을 알 수 있었습니다. 하나님은 포로로 잡히는 것이 끝이 아니라고 약속하셨습니다.

하나님은 그들을 버리지 않으셨습니다. 하나님은 그들을 돌아오게 하실 것입니다. 편안함이나 안락함에 관한 약속은 없었습니다. 포로로 지내는 기간이 짧을 것이라는 약속도 없었습니다. 하지만 장차 마른 뼈들이 살아날 것이며, 하나님이 그들 조상 아브라함에게 약속하셨던 땅에서 그들이 살게 되리라는 약속은 있었습니다. 만약 하나님이 세상을 심판할 정도로 큰 권능을 가지고 계시다면, 마른 뼈들을 살리실 정도로 강력한 힘을 가지고 계시다면, 분명히 하나님은 그들을 회복시키실 수 있을 것입니다.

그리스도와의 연결

이스라엘과 유다가 하나님 말씀에 불순종했기 때문에 하나님이 아시리아와 바벨론을 일으키셨습니다. 그들은 이방 나라의 신에게 향했고 선지자들의 경고를 일축했습니다. 그러나 하나님은 포로가 되어 징계받은 가운데서도 아브라함의 자녀 가운데 남은 자들을 신실하게 지키셨습니다. 하나님은 아브라함, 이삭, 야곱, 요셉, 모세, 다윗과 맺은 언약에 계속 신실하셨습니다.

'자기 백성을 끝까지 찾으시는 하나님'은 심지어 마른 뼈의 골짜기로, 즉 죽음과 영적 황량함의 골짜기로 들어가 자기 백성들에게 새 생명을 주셨습니다. 하나님은 당신의 아들 예수를 죽음의 골짜기 골고다 언덕으로 보내심으로써 당신의 자녀들이 새 생명으로 살아날 수 있는 생명의 길을 열어 주셨습니다. 그리고 그들에게 복음을 맡기셨고 사명을 감당하도록 힘을 주셨습니다. 부활의 왕국은 무덤을 넘어서까지 승리할 것입니다.

YOUR STORY

하나님이 들려주시는 이야기는 오늘을 사는 나와 늘 연결되어 있습니다. 아래 질문에 답하면서 성경 이야기가 내 이야기와 어떻게 연결되는지 생각해 봅시다.

▶ 이스라엘 백성들은 하나님에 관해 어떤 질문들을 했을까요? 이 환상이 에스겔 시대의 사람들에게 소망을 주었을까요?
이 질문에 관한 대답은 다양할 것입니다.

▶ 이스라엘을 회복하시겠다는 하나님의 약속이 어떻게 우리에게 하나님의 신실하심에 관한 확신을 줍니까? 하나님의 약속은 그분의 본성과 성품에 관해 무엇을 말해 줍니까?
이 질문에 관한 대답은 다양할 것입니다.

▶ 하나님의 말씀으로 영적인 각성을 경험한 적이 있습니까? 그때의 경험을 자세히 나누어 주세요.
이 질문에 관한 대답은 다양할 것입니다.

▶ 하나님이 우리가 영적으로 죽었을 때조차 그분만이 주실 수 있는 생명을 주시기 위해 우리를 찾으신다는 사실은 우리에게 어떤 위로가 됩니까?
이 질문에 관한 대답은 다양할 것입니다.

하나님의 이야기
하나님이 그분의 아들
예수 그리스도를 통해
우리를 구속해 주신 이야기

우리의 이야기
우리의 이야기가
하나님의 이야기와
만나는 곳

YOUR MISSION

생 각

에스겔의 환상 속의 황량한 골짜기는 포로로 잡혀 가는 이스라엘을 나타내며, 그리스도를 믿기 전의 마음 상태를 상기시킵니다. 우리는 창조주 하나님에게서 추방되어 죄 가운데 죽었으며 하나님과 분리되어 있습니다. "그는 허물과 죄로 죽었던 너희를 살리셨도다 그때에 너희는 … 전에는 우리도 다 그 가운데서 우리 육체의 욕심을 따라 지내며 육체와 마음의 원하는 것을 하여 다른 이들과 같이 본질상 진노의 자녀이었더니"(엡 2:1~3).

- **그리스도인이 되기 전에 처해 있던 위험을 깨닫는 것은 어떤 가치가 있습니까?**
  만약 사람들이 하나님과 떨어져 있는 자기 상황을 깨닫지 못한다면, 그들은 하나님이 값없이 주시는 구원과 용서를 충분히 사랑하지 못할 것입니다.

- **그러한 위험을 인정하는 것은 복음을 바라보는 방식을 어떻게 바꿉니까?**
  이 질문에 관한 대답은 다양할 것입니다.

마 음

회복의 소망은 포로들에게만 해당되는 것이 아닙니다. 동일한 소망, 곧 예수 그리스도를 통해 주어지는 회복의 소망이 우리에게도 있습니다. 우리가 어떻게 다시 살게 되었습니까? 신약 성경에서 바울은 하나님의 말씀을 듣고 믿음으로써 영적으로 다시 살아난다고 말했습니다. "믿음은 들음에서 나며 들음은 그리스도의 말씀으로 말미암았느니라"(롬 10:17). 우리가 하나님의 말씀을 들을 때, 우리 안에서 무엇인가가 일어나기 시작합니다. 죄로 인해 오랫동안 딱딱해져서 돌이 된 우리의 마음이 갑자기 부드러워지기 시작합니다. 그래서 마침내 우리도 또한 하나님 앞에서 새롭게 서 있을 수 있습니다.

- **하나님의 말씀으로 자신이 다시 살아나는 것을 보는 것은 복음에 관한 관점을 어떻게 바꿔 놓습니까?**
  이 질문에 관한 대답은 다양할 것입니다.

- **하나님의 말씀 안에 거하는 것에 대한 우리의 태도와 접근에 있어서 이 진리가 뜻하는 바는 무엇입니까?**
  이 질문에 관한 대답은 다양할 것입니다.

행 동

하나님이 에스겔에게 대언하라고 명령하심으로써, 그는 자기 눈앞에서 그런 일들이 일어나는 것을 보는 놀라운 특권을 누렸습니다. 복음의 기쁜 소식을 나눌 때 우리도 비슷한 경험을 할 수 있습니다. 마른 뼈들의 골짜기에 관해 말하는 선지자처럼, 우리도 죄로 인해 죽어 있는 자들에게 생명의 말씀을 선포하도록 명령 받았습니다.

- **마른 뼈들이 살아나기 전에 에스겔이 하나님의 말씀을 대언한 것이 왜 중요할까요?**
  말씀이 우리를 믿음으로 인도하는 중요한 역할을 한다는 것을 보여 주기 때문입니다.

- **다른 사람들에게 하나님의 말씀을 전하는 데 이 이야기는 어떻게 도움이 됩니까?**
  이 질문에 관한 대답은 다양할 것입니다.

> 다음 모임까지
> 잠 5~12장을
> 읽어 보세요.